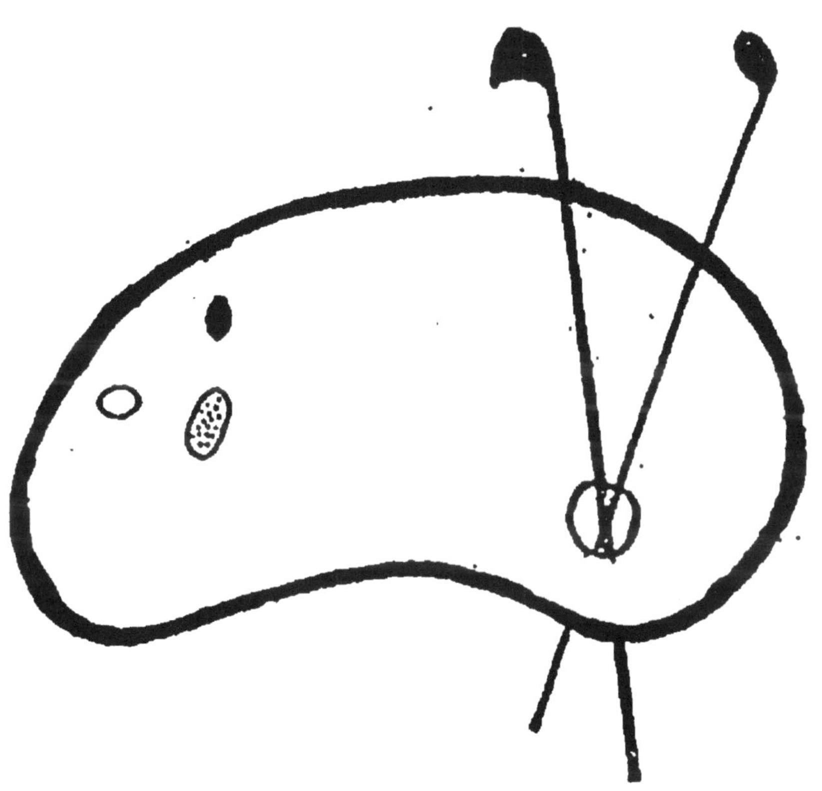

DEBUT D'UNE SERIE DE DOCUMENTS
EN COULEUR

Dépôt légal

LA VOIX DE L'AMITIÉ

PAR

J. L. M. N.

E fatto con amore.

PARIS
ANCIENNE MAISON CHARLES DOUNIOL
JULES GERVAIS, LIBRAIRE-ÉDITEUR
29, RUE DE TOURNON, 29

IMPRIMERIE PAUL BOUSEREZ, RUE DE LUCÉ, 5

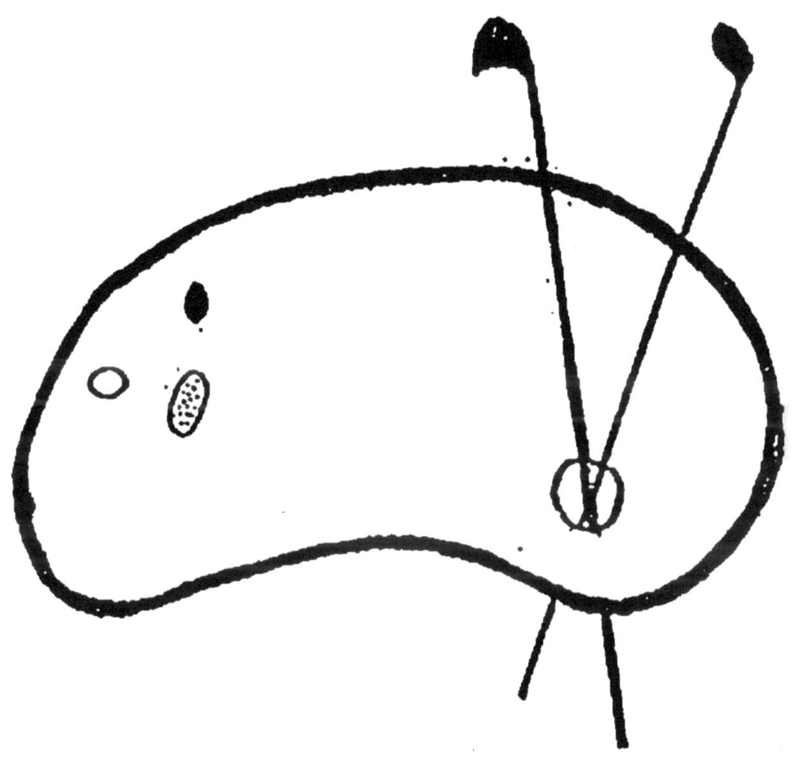

FIN D'UNE SERIE DE DOCUMENTS
EN COULEUR

LA VOIX DE L'AMITIÉ

LA

VOIX DE L'AMITIÉ

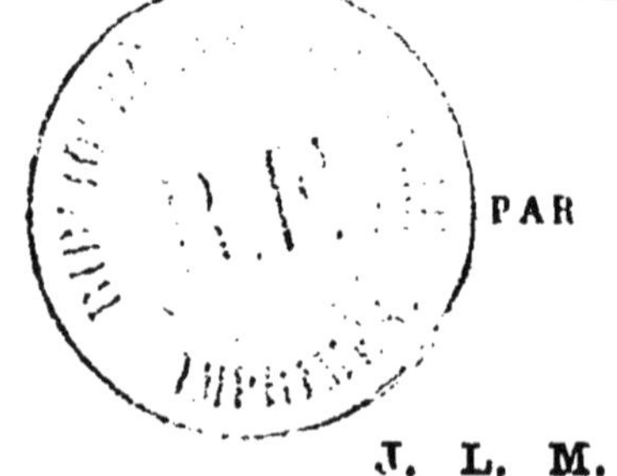

PAR

J. L. M. N.

E fatto con amore.

TOURS
IMPRIMERIE PAUL BOUSEREZ
5, RUE DE LUCÉ, 5

PRÉFACE

L'Amitié !... Ce mot seul est tout un poëme. Pour en chanter les beautés et les charmes, il faudrait l'inspiration du poëte et le feu sacré du génie. A défaut de ces dons célestes, le cœur tout au moins sait aimer et exprimer la suavité des sentiments qu'il éprouve. Tel est le motif qui nous a déterminé à entreprendre l'œuvre présente; car c'est à l'instigation d'une bien douce amitié qu'elle a été commencée, poursuivie et achevée. Toutefois, notre cadre n'eût pas été complet, si nous eussions uniquement parlé des plus nobles aspirations du cœur. Dans l'amitié comme dans l'amour, il y a de tristes défections qu'il est impossible de ne pas constater; voilà pourquoi nous avons étudié les différents phénomènes du cœur humain dans toutes les phases de l'amitié.

Aux faiblesses dont nous avons manifesté les causes, nous avons opposé le remède.

L'on a assurément beaucoup écrit, l'on a même beaucoup discouru sur l'amitié; cependant, que nous en reste-t-il? De belles pages, sans doute, mais jetées incidemment dans quelques ouvrages, et rien de plus. A part le *De Amicitia* de Cicéron, œuvre en grande partie inspirée d'Aristote, nous n'avons sur ce sujet aucun ouvrage complet; et cette œuvre si connue est cependant peu lue et encore moins appréciée. L'emphatique gravité du philosophe, sa mise en scène, ses allusions surannées, son manque d'ordre, sont autant de causes qui ne font plus trouver d'attrait à la lecture de cet ouvrage.

Notre but n'a pas été de créer une œuvre nouvelle. Rajeunir Cicéron, s'il est permis de s'exprimer ainsi, combler les lacunes de son traité, l'animer du sentiment chrétien, y joindre la pratique de la plus pure morale, et dans ce dessein mettre à contribution les oracles divins, les préceptes des docteurs, des moralistes et des saints, voilà ce que nous nous sommes proposé. Nos citations consciencieuses et presque incessantes témoigneront en faveur de notre travail.

Pour procéder avec ordre, nous avons d'abord considéré l'Amitié en général (ch. I), puis en particulier (chap. II). Sa nécessité (chap. III) et ses avantages (chap. IV) une fois établis, nous avons, comme déduction, parlé des devoirs qu'elle prescrit (chap. V). Mais pour remplir fructueusement ces devoirs et goûter les charmes de l'Amitié, il faut un ami vraiment digne de ce nom ; de là la nécessité du choix des amis (chap. VI). Afin de prévenir toute erreur, nous signalons les principales sources de la fausse amitié (chap. VII) et les épreuves inévitables contre lesquelles un cœur aimant doit se prémunir (chap. VIII).

Enfin, il nous restait encore une grande et importante question à traiter : le secret de se faire aimer. L'Amabilité fait donc l'objet du IXe chapitre. Nous concluons ensuite par des considérations pratiques que nous ne pouvions mieux placer qu'à la fin de l'ouvrage (chap. X).

Ce plan nous paraît aussi simple que naturel. La raison et le cœur en ont rempli l'étendue. Puisse cette œuvre être utile aux âmes aimantes, leur faire comprendre toute la portée morale d'une amitié conforme aux vues de Dieu, les aider dans la vertu et les préserver des chutes funestes qu'occasionne toujours une amitié vicieuse!

J. L. M. N.

Juillet 1878.

LA

VOIX DE L'AMITIÉ

CHAPITRE PREMIER

L'AMITIÉ EN GÉNÉRAL

Origine de l'amitié. — Différence entre l'amour et l'amitié. — Définition de l'amitié. — La sympathie, prélude de l'amitié. — L'amitié particulière. — Sa définition. — Ses fins.

L'Amitié, ainsi que l'indique le mot lui-même, est une dérivation de l'amour. Pour se former une juste idée de sa nature, il faut donc rechercher l'origine même de l'amour. Or, en remontant le cours mystérieux de ce fleuve qui traverse tous les âges pour les féconder, nous arrivons bientôt au principe éternel, cause première et unique de tout ce qu'il y a dans la création de bon, de bien, de beau; à cette Trinité sainte qu'il ne nous est permis de contempler qu'appuyés sur l'autorité de l'Évangile et de la foi (1). Le Père, avant tous les siècles, engendre un Fils, le Verbe éternel ; or le Père aime le Fils comme le Fils aime le Père, et de ce mutuel et ineffable amour procède l'Esprit-Saint, que l'Église appelle le nœud d'amour (2). Ainsi cette triple personnalité dans l'unité de substance (3), comme dit l'Église, est toute d'amour, amour qui se manifeste à nous par la Création, par la Rédemption, par l'Eucharistie. Dès lors, il n'y a plus lieu de s'étonner que ce Dieu veuille prendre le nom d'Amour (4).

Image de la Trinité céleste, il est ici-bas une Trinité terrestre dont l'amour fait aussi la force et la fécondité.

(1) Amor ex quo Amicitia nominata princeps est ad benevolentiam conjungendam. *De Amicitia*, Cic. n° 26, édition classique, Delalain. — Amicitia, qua quidem haud scio an, excepta sapientia, nihil quidquam melius homini sit a diis immortalibus datum. N° 20. — *Item*, n. 47.

(2) Nexus amoris. Hymn. Breviarii rom. fest. sancti Ludovici, in prop. Rupellensi, ad Laudes.

(3) Non in unius singularitate personæ, sed in unius Trinitate substantiæ. Præf. de sancta Trinitate.

(4) Deus charitas est. S. Jean, IV, 8.

Le père et la mère s'aiment d'un amour réciproque et indissoluble, et de cet amour procède l'enfant, qui en est l'expression vivante.

L'amour, de sa nature, est donc éminemment noble et fécond, et voilà pourquoi nous appelons *amour* de la famille ce mélange de respect, de tendresse et de dévouement qui règne entre les enfants et les auteurs de leurs jours, comme entre les membres d'un même corps.

Il est encore une autre mère, mère commune, pour le salut de laquelle nous devons être glorieux de donner notre sang. Ce sentiment du devoir et du sacrifice s'appelle *amour* de la patrie (1).

Enfin, la suprême expression du respect, de la piété que l'homme doit au souverain Maître et Conservateur de toutes choses se traduit par l'*amour* de Dieu.

Mais si l'amour de Dieu doit primer l'amour de la patrie, comme l'amour de la patrie doit primer l'amour de la famille, parce que Dieu

(1) C'est le *caritas patrii soli* des anciens.

est le principe, le père de cette société, de cette famille dont nous sommes tous membres, il s'ensuit rigoureusement que nous devons considérer tous les hommes comme nos frères. Jésus-Christ ne nous a-t-il pas dit : C'est ainsi que vous prierez : « Notre Père, qui êtes aux cieux... ? » Conséquemment nous ne nous contenterons pas d'avoir pour nos semblables ce froid sentiment d'humanité connu sous le nom de philanthropie, mais nous accomplirons pleinement le précepte du divin Maître : « Aimez-vous les uns les autres comme je vous ai aimés. C'est à l'amour que vous vous porterez les uns aux autres que l'on vous reconnaîtra pour mes disciples. » Nous pratiquerons ainsi l'*amour* du prochain, et nous ne mentirons pas en disant à Dieu : « Mon Dieu, je vous aime de toute mon âme, et le prochain comme moi-même pour l'amour de vous. »

Là ne se borne point l'étendue de l'amour. Si nous sortons du monde physique pour pénétrer dans les régions intellectuelles et morales, nous l'y trouverons encore. Épris des secrètes beautés qu'il y rencontre et qu'il s'efforce de réaliser dans toutes ses œuvres, l'homme ne sait exprimer ses sentiments que par ce mot : amour. De là, l'*amour* du bien, du beau, du vrai, l'amour en un mot de tout ce qui est un reflet des perfections divines (1).

En dehors de ces horizons, il n'y a point à proprement parler de véritable amour.

Les hommes ont pu sans doute usurper ce mot céleste pour exprimer les plus vils instincts; c'est un abus dont leur aveuglement est seul coupable (2). Mais que nous importe? Il n'en

(1) La théologie scolastique l'appelle à juste titre l'amour intellectuel. Elle distingue encore l'amour naturel et l'amour sensitif : *inclinatio in bonum apprehensum per sensus*. — Qui solus est passio.

(2) L'Amour, *complacentia boni*, ne peut avoir un objet mauvais pour fin. Il peut, il est vrai, se tromper en prenant comme motif de ses déterminations un bien purement apparent et faux en soi, mais il l'entrevoit toujours comme un bien quelconque. De là, cette parole de l'Ange de l'école : « Malum nunquam amatur nisi sub ratione boni, scilicet in quantum est secundum quid bonum et apprehenditur sicut simpliciter bonum. 1, 2, q. 27, art. 3.

Aristote dit pareillement : In eo quod amabile est vel bonum vel jucundum ut fines quosdam spectamus. Sed

reste pas moins établi que le caractère particulier du véritable amour est de ne se réflèter que sur tout ce qu'il y a de plus noble, de plus grand, de plus sacré dans le monde.

De tout ce qui précède, nous pouvons conclure que, d'abord, l'amour en général peut avoir pour objet un être intelligent ou une chose irraisonnable, ou bien même une perfection quelconque soit sensible, morale, intellectuelle, réelle ou purement idéale.

En second lieu (c'est une conséquence) qu'il n'exige pas une réciprocité, un commerce mutuel, puisque l'on peut aimer sans être aimé, et être aimé sans connaître cet amour ni pouvoir y répondre.

Or l'amitié doit nécessairement avoir quelques points de rapprochement ou de ressemblance avec l'amour, puisqu'il en dérive; mais en constatant ce qui lui est particulier, nous établirons la différence qui existe entre l'un et l'autre.

'utrum id quisque diligat, quod bonum est, an quod sibi est bonum, quæstio est. *Ethic.*, cap. II, lib. 8. (Voyez encore *De Imit. Christi.*, lib. III, c. LIV.

L'amitié, comme l'amour, nécessite d'abord un second terme, un centre en quelque sorte vers lequel convergent toutes ses opérations. Mais ce second terme ne saurait être une chose irraisonnable, une simple beauté idéale qui reste muette et inaccessible à ses sentiments (1) ; il lui faut un être intelligent ; il lui faut un cœur, et alors l'amitié n'est plus qu'un amour mutuel. Il ne suffit pas encore que cet amour soit mutuel, il est absolument nécessaire que les deux cœurs qui s'aiment connaissent leur affection réciproque; car, s'ils l'ignorent, ils auront de l'amour, mais non pas de l'amitié. En troisième lieu, lorsque cet amour est connu, lorsqu'il s'est manifesté de part et d'autre, il exige nécessairement quelque communication qui soit comme l'aliment de l'amitié.

Mais de là naît précisément la diversité des amitiés, car il peut y avoir de bonnes et de mauvaises amitiés, selon la diversité des communications.

(1) In eorum dilectione quæ inanimata sunt, nomen amicitiæ locum non potest habere. Neque enim est in illis mutuus amor : nec ullum eorum bonis affici volumus. Aristot., *Ethic.*, lib. VIII, cap. 2.

Or ces communications sont différentes selon la différence des biens que l'on prétend se communiquer. Si donc ces biens sont faux et vains, l'amitié est fausse et vaine; si ce sont de vrais biens, l'amitié est véritable. Ainsi son excellence est proportionnée à l'excellence des biens que l'on se communique; de même que le miel le plus pur est celui que les abeilles recueillent sur les fleurs les plus exquises (1).

L'amitié peut donc être le plus avantageux comme le plus funeste de tous les dons du Ciel; car il est presque impossible que les bonnes ou les mauvaises qualités ne passent pas de l'un à l'autre. De même que dans la vie matérielle le père et la mère lèguent souvent à leurs enfants le germe de certaines infirmités qui leur étaient personnelles, de même il est presque inévitable que l'influence d'un cœur n'agisse pas sur les dispositions morales de celui avec lequel il est en communication.

Après ces quelques considérations, il nous est facile de définir l'amitié avec le Docteur angéli-

(1) S. François de Sales. *Intr. à la Vie dévote,* IIIe partie, chap. 17.

que : « Un amour de mutuelle bienveillance, fondé sur une certaine communication (1). » Et cette définition convient excellemment à l'amitié en général, parce que loin de lui tracer des bornes, elle lui laisse au contraire un champ vaste comme le cœur.

C'est dans ce sens que Montaigne a dit : « Ce que nous appelons ordinairement amis et amitiez, ce ne sont qu'accointances et familiaritez, nouées par quelque occasion ou commodité, par le moyen de laquelle nos âmes s'entre-tiennent (2).

Or ce moyen par lequel nos âmes « s'entretiennent » n'est en realité, comme dit saint Thomas, qu'un rapport d'affabilité ou de charité chrétienne qui nous unit à nos semblables (3).

Mais le cœur peut avoir besoin de quelque chose de plus intime, « car l'homme, dit Cicéron, en s'aimant lui-même, veut trouver un de

(1) *Summa theol.*, 1, 2, q. 65, 5.

(2) *Essais*, liv. I, ch. 27.

(3) Aristote dit de même : Benevolentiam inter quos est mutua affectio amicitiam esse dicunt. *Eth.*, lib. VIII, c. 2.

ses semblables dont l'âme se confonde tellement avec la sienne, que les deux n'en fassent pour ainsi dire qu'une seule (1). »

Telle est l'amitié particulière, c'est-à-dire l'union exclusive de deux cœurs. Elle réalise pleinement ce mot charmant : « L'ami est un frère que l'on se choisit. »

Cependant, pour se former une juste idée de l'amitié particulière, il ne suffit pas de dire qu'elle est l'union et l'union intime de deux cœurs. Il manquerait à cette définition un terme essentiel qui en fît ressortir le plus beau caractère.

L'amitié, comme nous l'avons vu, est fille de l'amour, qui, dans son origine céleste, a pour berceau le cœur de Dieu même.

Par assimilation, l'amitié, prenant sa racine dans les sentiments les plus nobles et les plus féconds du cœur humain, doit nécessairement porter ses fruits. Or les fruits de l'amitié sont la vertu sous toutes ses formes les plus aima-

(1) In homine fit... qui se ipse diligit et alterum inquirit cujus animum ita cum suo misceat, ut efficiat pæne unum ex duobus. *De Am.*, n. 81.

bles. Cette conséquence se déduit si logiquement de son principe que plusieurs moralistes, comme le remarque un modeste auteur (1), semblent les avoir confondus. Ainsi Cicéron, en particulier, parle de la vertu comme si elle devait être la base de l'amitié.

« La vertu, la vertu, dit-il, c'est elle qui fait naître et durer les amitiés; c'est elle qui les concilie. Car tout se trouve en elle : sympathie, stabilité, constance. Dès qu'elle s'est produite, qu'elle a laissé briller sa douce lumière, qu'elle voit et reconnaît dans une autre cette même splendeur, elle s'en approche, reçoit à son tour cette clarté nouvelle, et c'est de ce foyer ardent que jaillissent l'amour et l'amitié (2). »

(1) *L'Amitié* (anonyme), pag. 12. Bray et Rétaux, Paris, 1872.

Aristote avait dit avant Cicéron : « Aut virtus est quædam (amicitia), aut cum virtute conjuncta. *Eth.*, lib. I, cap. 1.

(2) Virtus, virtus, inquam, et conciliat amicitias et conservat. In ea est enim convenientia rerum, in ea stabilitas, in ea constantia : quæ cum se extulit et ostendit lumen suum, et idem aspexit agnovitque in alio, ad id se admovet, vicissimque accipit illud quod in altero est, ex

Il est à remarquer, en effet, que la sympathie est une inclination qui s'impose presque instinctivement au cœur. L'on dirait que le cœur a des forces aimantes toujours à l'état latent, et dès que ces forces sont éveillées par une énergie quelconque, il arrive que l'on se sent attiré, que l'on se sent porté à aimer. Un regard, un mot, moins peut-être, suffira quelquefois; il ne faudra plus qu'un échange de communications pour établir l'amitié. Or, si l'on cherche à analyser ce phénomène, l'on découvre invariablement comme principe d'attraction, mobile de la sympathie, un charme, une qualité, une vertu quelconque, un je ne sais quoi, enfin, de séduisant, qui va droit au cœur et y réveille les plus doux sentiments. On peut dire que c'est l'aurore de l'amitié. Et si la sympathie naît de la vertu proprement dite, elle sera comme un baume précieux dont le parfum sera l'amitié (1).

quo eorum exardescit sive amor, sive amicitia, utrumque enim dictum est ab amando. *De Am.*, n. 101.

(1) Madame Swetchine a gracieusement exprimé cet instinct de la sympathie :

« Il y a vraiment des gens, dit-elle, qu'on n'a jamais

Aussi, Cicéron le répète-t-il presque constamment dans son traité : c'est la vertu, qui produit l'amitié. Comment donc celle-ci pourrait-elle subsister quand la vertu disparaît ? Car c'est pour nous aider à pratiquer la vertu et non pas pour être la compagne du vice, que l'amitié nous a été donnée par le Ciel (1).

vus pour la première fois, tant on les *reconnaît* la première fois qu'on les voit ! »

Montaigne a dit aussi :

« Il y a, au delà de tout mon discours (sur notre amitié) et de ce que j'en puis dire particulièrement, je ne sais quelle force inexplicable et fatale, médiatrice de cette union. Nous nous cherchions avant que de nous estre veus et par des rapports que nous oyons l'un de l'aultre, qui faisaient en notre affection plus d'efforts que ne porte la raison des rapports : je crois par quelque ordonnance du Ciel. Nous nous embrassions par nos noms. Et à notre première rencontre qui fut par hazard, nous nous trouvasmes si prins, si cognus, si obligez entre nous, que rien dès lors ne nous fut si proche l'un à l'aultre. *Essais*, liv. I, chap. 17.

(1) Quum conciliatrix amicitiæ virtutis opinio fuerit, difficile est amicitiam manere, si a virtute defeceris. N. 38. — Virtutum amicitia adjutrix a natura data est, non vitiorum comes. N. 83.

Dans le *De Amicitia*, l'on retrouve cette même pensée

C'est pourquoi, conclut le même philosophe, je vous engage à mettre l'amitié au-dessus de tous les biens après la vertu, car la vertu mérite la première place ; sans elle l'amitié ne saurait exister (1).

Or, puisque la véritable amitié repose sur la vertu, tout ce qui dans un ami est contraire à la vertu devient une source d'obstacles pour l'amitié; et par contre, tout ce qu'il y a en lui de conforme à la vertu, ne peut que la provoquer (2).

Est-ce à dire que toute amitié qui n'aurait pas la vertu pour but direct ne mériterait pas le nom d'amitié?

Au-dessous de ce sentiment plein de générosité et qui n'est certainement pas à la portée de tous les cœurs, il peut exister une certaine amitié, amitié moins parfaite sans doute, mais ami-

aux numéros 18, 20, 49, 50, 80, 82, 84, 101, 105, etc. — Voyez la note complémentaire à la fin du chapitre.

(1) Vos autem hortor ut ita virtutem locetis, sine qua amicitia esse non potest, ut, ea excepta, nihil amicitia præstabilius putetis. *De Am.*, n. 105.

(2) *Summa theol.*, 2, 2, q. 106, 1, 3.

tié réelle, dont la fin indirecte et plus ou moins éloignée est cependant la vertu.

Et en effet, toute amitié a nécessairement un but. Or ce but, pourvu qu'il soit circonscrit dans les limites de l'honnête, renferme en lui-même l'idée ou le désir du bien. Que le mobile de cette amitié soit par exemple la douce consolation d'avoir un cœur affectueux pour fidèle confident de nos joies ou de nos peines, de nos espérances, de nos craintes, ou bien encore comme un sage conseiller dans nos déterminations, nos propres intérêts même, il est impossible que le résultat de cette amitié mutuelle ne soit pas un bien quelconque. Ce bien peut être d'une nature plus ou moins noble; mais, quel qu'il soit, c'est un bien réel; car ces deux cœurs, en s'aimant, chercheront à se rendre réciproquement utiles; tout mal sera évité, tout bien, au contraire, sera recherché. Ce sera un véritable commerce de petites prévenances ou de petits bienfaits dont la réciprocité aura pour résultat d'entretenir l'amitié (1). N'est-ce pas

(1) *Summa theol.*, 2, 2, q. 106, 1, 3.

d'ailleurs de cette amitié que parle le philosophe païen quand il parle de l'amitié commune ou vulgaire, et dont il reconnaît toutefois le charme et l'utilité (1) ?

Il peut donc exister une amitié plus ou moins sérieuse, plus ou moins parfaite, mais une amitié réelle qui ne se propose pas directement la vertu pour but, mais seulement un bien, une utilité, un avantage quelconque.

Or, si le bien en général est la fin de toute amitié honnête, on peut définir l'amitié particulière :

L'union intime de deux cœurs dans l'amour du bien.

L'intimité ne pourra exister sans communication ; cette communication sera basée sur la plus cordiale bienveillance. Enfin, l'amour du bien et du bon sera le flambeau de ce commerce réciproque.

(1) De vulgari et de mediocri (amicitia), quæ tamen ipsa et delectat et prodest. *De Am.*, n. 22.

NOTE COMPLÉMENTAIRE

Toute cette théorie de Cicéron, concernant l'inséparabilité de l'amitié et de la vertu, est empruntée d'Aristote.

L'Ange de l'école dit sur ce sujet : *Boni vere cognoscentes seipsos, vere seipsos diligunt. Et hoc probat philosophus (Aristoteles)* in Eth., *lib. IX, cap. 4, per quinque quæ sunt amicitiæ propria (sed non eodem ordine.) Unusquisque enim amicus 1° quidem vult suum amicum esse et vivere. 2° Vult ei bona. 3° Operatur bona adipsum. 4° Convivit ei delectabiliter. 5° Concordat cum ipso, quasi in iisdem delectatus et contristatus.* Th. sum., *2, 2, q. 25, 7. c.* item, *q. 27, 2. ad. 3,* item, *q. 31, 1, c.*

La vertu, dit d'abord Aristote, telle est la mesure, si j'ose ainsi parler, de tous les rapports que nécessite l'amitié : *Est enim virtus et vir bonus velut mensura rerum omnium.... Est igitur is qui se iis quæ vere bona sunt aut videntur velit affici, eaque in se ipse præstat.*

Ainsi la question est nettement établie : c'est de cette amitié fidèlement circonscrite dans les limites de la vertu qu'il veut parler. Or le propre de la vertu, poursuit-il, c'est de vouloir le bien.

L'homme vertueux voudra donc d'abord le bien pour lui-même, il le voudra pareillement pour celui qui est un autre lui-même. Donc la première chose qui soit propre à l'amitié, c'est de vouloir du bien à celui qu'on aime, comme l'on s'en veut à soi-même.

Mais il ne suffit pas de vouloir simplement le bien. Le désir pris en lui-même n'est qu'une opération purement spéculative de l'esprit ou du cœur : il est nécessaire qu'il passe dans l'acte qui en est en quelque sorte l'épanouissement. De là cette inclination du cœur qui porte à se dépenser pour un ami et qui se traduit par un dévouement sans bornes : *Est enim viri boni, quod bonum sit gerere, in eoque elaborare, idque sui ipsius causa. Siquidem, mentis gratia, quæ idipsum est, quod quisque maxime esse videtur.* Ibid.

En outre, comme la vie est dans l'état ordinaire des choses de ce monde le plus précieux de tous les biens, et que sans lui les autres biens qui résultent de l'amitié ne sauraient exister, l'ami doit désirer que son ami vive. Et cette vie, l'amitié doit travailler à la conserver et à la rendre plus heureuse dans sa double sphère d'action, dans son activité physique et dans son activité morale. *Atque etiam manere vult in vita et salvum esse : eamque maxime partem vult sibi incolumen, quæ velit prudentia, et quæ sapit. Bonum enim est bono viro esse. Et se verò quisque, vult iis, quæ si bona sunt, affici. Quod si alius fieret atque est, nemo esset qui omnia optaret in illo inesse in quod esset mutatum.* Ibid.

Pour obtenir ce double résultat, il lui faut un mode d'action approprié au but que se propose l'amitié. Or, pour contribuer au bien de són ami, il faut une douce intimité ; il faut le rapprochement fréquent de deux cœurs, il faut ces douces causeries auxquelles rien ne supplée (1). *Convivit ei delectabiliter.*

(1) C'est dans ce même sens que l'Écriture a dit : Fer-

Enfin, il faut une concorde parfaite entre les deux cœurs et les deux volontés ; car la concorde est le principe de l'union. Sans elle la paix ne saurait durer dans les familles et dans les sociétés. Ainsi que l'indique l'étymologie du mot, elle est surtout l'union des cœurs : *Corda cum, vel cum corde.* C'est pour cela même qu'elle est essentielle à l'amitié. Et remarquons avec Aristote que *Concordia non est idem ac consensus opinionum;* car cette identité d'opinion peut exister entre des étrangers, des inconnus et nous, sans qu'il y ait concorde. Conséquemment la concorde peut s'harmoniser avec la divergence d'opinions.

Telles sont les cinq propositions d'Aristote sur l'amitié, d'après saint Thomas. Elles forment le *compendium* de tout ce que l'on saurait dire sur ce sujet.

rum ferro exacuitur et homo exacuit faciem amici. Prov., xxvii, 17.

CHAPITRE II

L'AMITIÉ PARFAITE

Principaux caractères de l'amitié parfaite. — Sa définition. — L'amitié sainte. — L'amour des âmes source de cette amitié sainte. — Quelques exemples. — Consommation de l'amitié parfaite en Dieu.

Il est à remarquer avec Cicéron que toute amitié véritable et parfaite est naturellement exclusive et qu'elle ne s'attache, de prédilection, qu'à un seul objet dans lequel elle met ses plus douces complaisances. Saint Thomas reconnaît avec tous les bons philosophes, dit saint François de Sales, que l'amitié est une vertu, et il ne parle que de l'amitié particulière, parce qu'il dit que la parfaite amitié ne peut s'étendre à beaucoup de personnes (1). » C'est là son premier caractère. « En cette amitié de quoi je parle, écrit Montaigne, cha-

(1) *Vie dévote*, IIIe partie, ch. 19.

cun se despartit si entier à son amy, qu'il ne lui reste rien à despartir ailleurs; au rebours, il est marry qu'il ne soit double, triple ou quadruple, et qu'il n'ayt plusieurs asmes et plusieurs volontez, pour les conférer toutes à ce subject (1). »

Il n'est pas à dire pour ce motif qu'en dehors de cette affection spéciale, tout autre rapport d'amitié doit être banni ou repoussé; non, l'amitié parfaite a de la bonté et de la bienveillance pour tous; mais en somme, elle se « preste aux aultres » pour ne se donner tout entière qu'à l'objet privilégié de son affection. Cet abandon ainsi fait de part et d'autre constitue le second caractère de l'amitié parfaite : l'unité. Et ainsi, il n'y a plus en quelque sorte qu'une seule vie en deux corps, selon l'expression d'Aristote, parce que l'ami est un autre nous-même (2), ou plutôt c'est la moitié de notre âme, comme dit le poëte (3). « Si on me presse

(1) *Essais*, liv. I, chap. 27.

(2) Verus amicus.... est is quidem tanquam alter idem. *De Am.*, n. 80.

(3) Et serves animæ dimidium meæ! Hor., lib. I, od. 3.

de dire pourquoy je l'aimoys, je sens que cela ne peult s'exprimer qu'en répondant : parce que c'étoit lui, parce que c'étoit moi.... En l'amitié de quoy je parle, nos asmes se meslent et se confondent l'une en l'aultre d'un mélange si universel, qu'elles effacent et ne retrouvent plus la cousture qui les a joinctes (1). » C'est par l'unité que l'amitié devient, comme dit encore Montaigne, une « vraie soudure fraternelle » ; la conglutination de deux cœurs, comme parle l'Écriture au sujet de David et de Jonathas. « Car Jonathas aimait tellement David que son âme était conglutinée à la sienne et qu'il l'aimait comme la sienne....» Expression trois fois répétée (2).

Mais cette amitié ne saurait exister sans une certaine égalité entre amis. Là où cette égalité n'existe pas, dit Sénèque, l'amitié la crée (3). Et en effet, il est de la plus grande importance,

(1) *Essais*, liv. I, chap. 27.

(2) Anima Jonathæ conglutinata est animæ David, et dilexit eum Jonathas quasi animam suam. I lib. Reg., cap. XVIII, 1.

(3) Amicitia pares invênit aut facit.

remarque Cicéron, que dans l'amitié le supérieur se fasse l'égal de l'inférieur. Il faut donc qu'il s'incline, et que par cette condescendance l'inférieur s'élève jusqu'à lui (1). De là le proverbe : Entre amis rien qui ne soit commun (2).

(1) Maximum est in amicitia superiorem parem esse inferiori. *De Am.*, 69.

Quamobrem, ut ii qui superiores sunt submittere se debent in amicitia, sic quodam modo inferiores extollere. *Ibid.*, n. 72.

Tel est aussi le sentiment d'Aristote : Si magna existat inter aliquos virtutis, vel vitii, vel facultatum, vel alicujus alterius distantia, jam non in amicitia permanent, nec dignos quidem se indicant. — Et il ajoute : At si magna sit distantia, ut Dei, jam non manet amicitia. — Mais ici le Verbe de Dieu répond : Jam non dicam vos servos, sed amicos.... Vos amici mei estis. Joan., XV, 14, *Eth.*, lib. VIII, cap. 7. — Et pour établir le rapprochement et l'égalité nécessaire à l'amitié : « Deus factus est homo, dit saint Augustin, ut homo fieret Deus. » Désormais, cette parole est donc vraie : Ego dixi : dii estis. Ps. LXXXI, 6.

Aristote dit plus loin : Æqualitas autem et similitudo quædam amicitia est. *Ibid.*, cap. 8. — Est maxime quidem eorum similitudo, qui virtute similes sunt. Hi autem cum per se stabiles sint et constantes ejusdem modi etiam se inter se præbent. *Ibid.*

(2) Ac recte ait Proverbium : Amicorum omnia communia quandoquidem in communione consistit amicitia.

Mais c'est surtout dans l'égalité des esprits et des cœurs que l'amitié puise sa force.

Cicéron va jusqu'à dire que *toute* la force de l'amitié vient de là (1). Aussi veut-il qu'entre amis il y ait une sorte de communauté de desseins, de volontés, de tout en un mot (2).

Une confiance sans bornes et pleine d'expansion doit encore régner dans l'amitié : sans la confiance rien de stable chez elle. Il faut nécessairement que le cœur de notre ami réponde sans détour à notre cœur, autrement la fidélité

Lib. VIII, cap. 8. Et ailleurs : Consentiunt proverbia : unus animus; amicorum omnia communia ; amicitia, æqualitas; genu quam tibia est propius. Lib. IX, ibid.

(1) Id in quo est *omnis* vis amicitiæ, voluntatum, studiorum, sententiarum *summa* consensio. *De Am.*, n. 15. — Item, in or. pro Planc, 5.

(2) Quum *emendati mores amicorum* sint, tum sit inter eos omnium rerum, consiliorum, voluntatum, sine ulla exceptione, communitas. *De Am.*, n. 61.

Montaigne pousse ici l'exagération jusqu'à établir une sorte de communisme, devant lequel viennent s'effacer les droits même les plus sacrés : « Tout est, dit-il, par effet, commun entre eux (les amis): volontés, pensements, jugements, biens, femmes, enfants, honneur et vie... » Vraiment, cet homme est d'une liberté *naturelle*, comme disait Du Thou.

ne serait plus possible (1). Car si vous ne lisez dans le cœur de votre ami comme dans un livre toujours ouvert pour vous, si vous ne lui montrez le vôtre à nu, alors il n'y aura plus de garantie, plus même d'affection mutuelle, dans le doute sur la sincérité des sentiments (2).

Le cœur ami doit donc réaliser à l'égard de l'objet aimé ce mot charmant qui nous rappelle une amitié aussi douce qu'exemplaire: « Je te dirai ce que je fais ici; car mon âme ne coule de pente que dans la tienne (3). »

Lorsqu'un liquide a été placé dans deux vases communicants, il se répand de telle sorte qu'il monte bientôt à un niveau égal dans les deux

(1) Firmamentum stabilitatis constantiæque ejus quam in amicitia quærimus, fides est : nihil enim stabile est quod infidum est. Simplicem præterea et communem et consentientem, qui rebus eisdem moveatur, eligi par est, quæ omnia pertinent ad fidelitatem : neque enim fidum potest esse multiplex ingenium et tortuosum. *De Am.*, n. 65.

(2) In qua (amicitia) nisi, ut dicitur, apertum pectus videas tuumque ostendas, nihil fidum, nihil exploratum habeas, ne amare quidem aut amari, quum, id quam vere fiat, ignoras. *De Am.*, n. 97.

(3) Eugénie de Guérin. Journal, *ad calcem*.

vases. L'équilibre est le même des deux côtés, et il ne sera détruit que si une pression affecte le liquide séparément dans l'un des deux vases. Or cette loi de l'hydrostatique existe aussi pour l'amitié. Ce liquide qui a besoin d'*expansion*, c'est l'amitié. Elle va d'un cœur à l'autre comme en deux vases communicants, au moyen de la confiance. Sans doute, l'amitié a ses épreuves, et leur pression pourra tenter un instant de troubler l'équilibre parfait; mais si la force décroissante d'un côté augmente la force de l'autre, l'équilibre sera vite rétabli, grâce à l'entremetteuse de l'intimité qui sera la plus douce confiance. Et ainsi éprouvée, l'amitié n'en sera que plus ferme et plus constante.

Tel doit être le rôle de la confiance, et alors l'amitié saura agir et prouver sa sincérité par ses actes (1). Car il faut que deux cœurs amis cherchent à se rendre réciproquement utiles. Autrement, comment pourraient-ils se montrer leur zèle, leur fidélité, leur dévouement (2)?

(1) Non diligamus verbo, neque lingua, sed opere et veritate. S. Joan., III, 18.

(2) Atque haud scio an ne opus sit quidem nihil un-

L'amitié doit donc connaître la science ou plutôt la douceur du sacrifice; et c'est là un de ses plus beaux caractères (1).

quam omnino deesse amicis. Ubi enim nostra studia viguissent, si numquam consilio, numquam opera nostra, nec domi, nec militiæ Scipio eguisset? *De Am.*, n. 51.

(1) Multæ quoque res sunt in quibus de suis commodis viri boni multa detrahunt detrahique patiuntur, ut iis amicis potiusquam ipsi fruantur. N. 57.

Cicéron dit encore à ce sujet : Si par quelque malheur il arrive que l'un ait besoin de secours dans des choses qui ne soient pas absolument justes, mais où il s'agira pour lui de la vie et de l'honneur, l'autre pourra dévier un peu de la bonne route, pourvu cependant que l'infamie n'en soit pas le résultat. N. 61.

Ce sentiment marqué au coin de la morale païenne a quelque chose de beau en soi, mais condamnable, parce qu'il est en contradiction avec la loi évangélique : *numquam facienda mala ut eveniant bona.*

Montaigne n'était pas mieux inspiré quand il a écrit : « L'unique et principale amitié descout toutes aultres obligations. Le secret que j'ai juré à un aultre, je le puis sans parjure communiquer à celui qui n'est pas aultre, c'est moi... » En théorie, c'est spécieux ; en pratique, nullement admissible. Un parjure est toujours un parjure. Cicéron n'a-t-il pas dit lui-même qu'il n'y a rien qui puisse excuser un ami qui fait le mal dans l'intérêt d'un ami? Nulla est excusatio peccati si amici causa peccaveris. *De Am.*, n. 38.

D'après ces traits généraux l'on voit ce que peut être l'amitié parfaite. C'est une fraternité, dirons-nous avec Sylvio Pellico, mais une fraternité dans le sens le plus élevé; c'est le beau idéal de la fraternité. « C'est un accord sublime de deux ou trois âmes, jamais plus, qui sont devenues comme nécessaires l'une à l'autre, qui ont trouvé l'une dans l'autre la plus grande disposition à se comprendre, à se soutenir mutuellement, à s'interpréter noblement, à s'exciter au bien (1). »

Nous pouvons la définir avec Cicéron : « Une parfaite harmonie de sentiments tant au sujet des choses divines qu'humaines, fondée sur une bienveillance affectueuse (2)».

(1) Sylvio Pellico, *Devoirs des hommes*, chap. XIII.

Quanta autem vis amicitiæ sit, ex hoc maxime intelligi potest quod ex infinita societate generis humani quam conciliavit ipsa natura, ita contracta res est et adducta in angustum, ut omnis caritas aut inter duos aut inter paucos jungeretur. *De Am.*, n. 19.

(2) Est autem amicitia nihil aliud nisi omnium divinarum humanarumque rerum, cum benevolentia et caritate summa consensio. N. 20.

Aristote : Perfecta amicitia est quod viri boni et vir-

Cette définition ne serait pas rigoureusement vraie si elle devait s'appliquer à l'amitié en général. L'on ne pourrait soutenir, en effet, qu'il ne puisse exister sans « cette parfaite harmonie de sentiments, tant au sujet des choses divines qu'humaines », aucune amitié, je ne dis pas parfaite, mais véritable et sérieuse.

Il est bien des cas où la différence d'opinions et de goûts ne détruit nullement l'amitié. Tel est, d'ailleurs, le sentiment du Docteur angélique (1). Et que d'exemples, que de faits ne nous fourniraient pas l'expérience et l'histoire, pour établir, d'une manière péremptoire, que bien des amitiés véritables et fécondes ont existé, avec une différence d'opinions, je dirai plus, avec des vues, des opinions contraires même, soit au sujet des choses divines (ce qui est si fréquent de nos jours), soit au sujet des choses humaines !

L'Amitié, telle que Cicéron la définit, est

tute pares inter se conjuncti sunt. Ili enim ultra citraque bonis pariter se affici volunt qua boni sunt, boni autem sunt per se. *Eth.*, lib. VIII, cap. 2.

(1) *Summa theol.*, 2, 2, q. 28, 3, ad 2. — q. 37, 1, c.

donc évidemment l'amitié parfaite; et pour que l'on ne s'y méprenne pas, il ajoute plus loin : « Je ne parle pas ici de l'amitié vulgaire, qui cependant a encore ses charmes, je parle de cette amitié parfaite dont on cite de trop rares modèles (1). »

Ainsi comprise, l'amitié se montre à nous comme une grande reine bien digne de tenir le sceptre des cœurs. Cependant elle aura un degré de perfection bien plus élevé, si on lui donne le prestige de la piété et de la religion. La sainteté deviendra alors le terme de l'amitié parfaite, parce que l'amitié, divinisée en quelque sorte par la religion, aura pour but l'amour de ce qu'il y a de plus sublime, Dieu lui-même.

« Aimez chacun d'un grand amour de charité, dit S. François de Sales à Philothée; mais ne vous liez d'amitié qu'avec ceux dont la fréquentation peut vous être utile; et plus vous la rendrez parfaite, et plus aussi votre amitié sera parfaite.

(1) Neque ego nunc de vulgari et de mediocri, quæ tamen ipsa et delectat et prodest, sed de vera et perfecta loquor, qualis eorum qui pauci nominantur fuit. N. 22.

Si ce sont des rapports de science, l'amitié sera honnête et louable; beaucoup plus encore s'il s'agit de vertus morales; mais si la religion, la piété, l'amour de Dieu et le désir de la perfection sont l'objet de cette mutuelle et douce communication, ô Dieu! que votre amitié sera précieuse! Elle sera excellente, parce qu'elle vient de Dieu, qu'elle conduit à Dieu, et que Dieu en est le lien.

« Oh! qu'il fait bon aimer sur la terre comme on aime au ciel, et apprendre à s'entre-chérir en ce monde comme nous le ferons éternellement dans l'autre! Je ne parle donc pas ici du simple amour de charité que l'on doit à son prochain quel qu'il soit, mais de l'amitié spirituelle, par laquelle, se communiquant piété, bons désirs, dispositions pour Dieu, l'on n'a plus qu'un même cœur et qu'une même âme (1).... » C'est bien alors que s'accomplit cette parole de l'Ecclésiastique: Autant l'homme craint le Seigneur, autant il sera heureux en ami, parce que son ami lui sera semblable (2).

(1) *Introd. à la Vie dévote*, IIIe partie, chap. 19.

(2) Qui timet Deum æquè habebit amicitiam bonam,

Telle est la douce influence de la piété sur l'amitié. L'amitié c'est un prisme. Si on le considère à la simple clarté du jour, il révélera des beautés, sans doute; mais exposez-le aux rayons du soleil, vous y découvrirez des merveilles bien plus brillantes encore. Est-ce donc le verre qui est si beau par lui-même? Non. Ce qui est beau, c'est le rayon du soleil qui passe par ce verre. Il en est de même de l'amitié. Exposée comme un prisme à la clarté ordinaire de la vertu, elle révèle des beautés ; mais si la piété y vient ajouter son éclat, alors ce sera Dieu lui-même qui s'y reflétera, et cette beauté sera la plus parfaite.

Bien souvent, l'amour des âmes a donné naissance à cette amitié sainte. L'Esprit de Dieu souffle où il veut (1). Quand il opère le rapprochement de deux âmes faites pour se compren-

quoniam secundum illum erit amicus illius. *Eccli.*, VI, 17.

L'Écriture dit encore de cette amitié sainte : Cum viro sancto assiduus esto quemcumque cognoveris observantem timorem Domini, cujus anima est secundum animam tuam, et qui cum titubaveris condolebit tibi. *Ibid.*, XXXVII, 16.

(1) Spiritus ubi vult spirat. *S. Jean*, III, 8.

dre et s'aimer, c'est toujours pour l'accomplissement de quelque dessein providentiel : ces âmes auront un jour besoin l'une de l'autre, et alors il résultera de leur affection mutuelle quelque chose de grand pour le ciel.

Ecoutons sur ce sujet une parole éloquente :

« Jésus-Christ a aimé les âmes et il nous a transmis cet amour, qui est le fond même du christianisme. Aucun chrétien véritable, aucun chrétien vivant, ne peut être sans une parcelle de cet amour qui circule dans nos veines, comme le sang même du Christ. Dès que nous aimons, que ce soit dans la jeunesse ou dans l'âge mur, comme père ou comme époux, comme fils ou comme ami, nous voulons sauver l'âme que nous aimons.... C'est là cet amour des âmes qui se surajoute à tous les autres, et qui, loin de les détruire, les exalte et les transforme jusqu'à en faire quelque chose de divin, tout naturels qu'ils soient par eux-mêmes. Or il arrive que l'amour des âmes conduit à l'amitié. Quand on a été près d'une créature déchue l'instrument de la lumière qui lui révèle sa chute et qui lui rend son élévation, cette cure sublime d'une mort qui devait être éternelle inspire quelquefois aux deux âmes un indéfinissable attrait né du bonheur donné et du bonheur reçu. Et si la sympathie naturelle s'ajoute encore à ce mouvement qui vient de plus haut, il se forme de tous ces hasards divins tombés dans de mêmes cœurs, un attachement qui n'aurait pas de nom sur la terre, si Jésus-Christ n'avait pas dit à ses disciples : Je vous ai appelés mes amis. C'est donc l'amitié. C'est l'amitié telle qu'un Dieu fait homme et mort pour ses amis pouvait le concevoir (1) ».

Mais si le divin Maître a voulu prononcer une parole si douce pour ses disciples, il a voulu aussi donner au monde l'exemple de cette céleste amitié que les saints devaient dans la

(1) P. D. Lacordaire.

« Le confesseur est un ami, mais un ami divin, ou plutôt c'est Jésus-Christ qui devient dans sa personne le confident et l'ami de tous les chrétiens. La confession, c'est l'amitié élevée à l'état de sacrement et rapprochée si près du ciel qu'on ne saurait rien concevoir, dans l'échelle des affections humaines, qui en soit plus proche. Admirable puissance de la religion ! » — Charles Sainte-Foi : *Les Heures sérieuses d'un jeune homme* (10e *heure*).

suite des siècles si admirablement reproduire.

« L'on ne saurait nier, dit saint François de Sales, que Notre-Seigneur n'aimât d'une plus douce et plus spéciale amitié saint Jean, Marthe, Madeleine et Lazare leur frère, puisque l'Évangile nous le dit. On voit que saint Pierre chérissait tendrement saint Marc et sainte Pétronille, ses enfants spirituels, comme saint Paul les siens, principalement son cher Timothée et sainte Thècle. Saint Grégoire de Nazianze, l'ami de saint Basile, se fait un honneur et un plaisir de parler souvent de leur amitié, et voici la description qu'il en fait : « Il semblait qu'il n'y eût en nous deux qu'une seule âme pour animer deux corps. Il ne faut donc pas croire ceux qui disent que chaque chose est en elle-même tout ce qu'elle est et non pas dans un autre, car nous étions tous deux en l'un de nous, et l'un était en l'autre. Une seule même volonté nous unissait dans le dessein que nous avions de cultiver la vertu et de conformer notre vie à l'espérance du ciel, travaillant tous deux comme une seule et même personne à sortir de cette terre périssable avant d'y mourir. » S. Augustin témoigne que saint Ambroise chérissait uniquement sainte Monique pour les rares vertus qu'il voyait en elle, et qu'elle-même chérissait le saint prélat comme un ange de Dieu. Qui ne connaît la douce intimité de saint Jérôme, de sainte Paule et de sainte Eustochium? Saint Augustin, saint Grégoire, saint Bernard et tous les grands serviteurs de Dieu ont eu des amitiés particulières, sans que leur perfection en ait souffert. Saint Paul reproche aux païens toute la corruption de leur vie, les accusant d'être des gens sans affection, c'est-à-dire, sans amitié (1). »

« C'est donc une grande, une divine chose, que l'amitié, conclurons-nous avec le R. P. Lacordaire; c'est la plus haute des récompenses visibles attachées à la vertu. » L'on peut dire sans crainte de cette amitié sainte ce que Salomon dit de la sagesse : « C'est un trésor inestimable, et tous ceux qui en ont usé ont eu part à l'amitié de Dieu (2). » L'amitié sainte, en

(1) *Introd. à la Vie dévote*, IIIe partie, ch. XIX.

(2) Infinitus est thesaurus hominibus, quo qui usi sunt participes facti sunt amicitiæ Dei. *Sap.*, VII, 14.

effet, est un flambeau ardent qui brille sur le chemin de la vie pour nous conduire au terme le plus sûr (1). Et ainsi la fin de l'amitié sainte est Dieu lui-même, qui en est le principe (2).

Nous voyons par là combien est vraie cette parole de Mallebranche : « Dieu est le lieu des esprits, comme l'espace est celui des corps. »

(1) Lucerna pedibus meis verbum tuum et lumen semitis meis. Ps. 118.

(2) Ego sum principium et finis, alpha et omega. *Apoc.*, XXII, 13.

CHAPITRE III

NÉCESSITÉ DE L'AMITIÉ

Le rapprochement et l'union des âmes. — La sociabilité, principe de l'amitié. — Impérieux besoin de l'amitié dans le bonheur, l'épreuve, la pauvreté, l'abandon. — C'est une nécessité commune à tout âge, à toute condition. — Utilité universelle de l'amitié. — L'amitié reconnue comme une force indispensable au bien moral, par l'antiquité, les docteurs de l'Église, les livres saints.

L'homme est essentiellement créé pour vivre en société. « Si nous voyons les bêtes, les oiseaux, les poissons, les animaux sauvages, s'aimer d'abord eux-mêmes, parce que c'est un instinct qui naît avec tout être vivant, et ensuite désirer et rechercher ceux de leur espèce pour se joindre à eux, et cela par une sorte de sympathie qui ressemble assez à la nôtre, combien ce penchant n'est-il pas plus naturel à l'homme, qui, en s'aimant lui-même, veut encore trouver un de ses semblables avec lequel il puisse associer ses sentiments et sa vie entière (1)! » Aussi l'homme semble-t-il un être incomplet s'il se trouve contraint de vivre en dehors du commerce des hommes (2).

« S'il se pouvait faire, suppose Cicéron, qu'un dieu nous enlevât du milieu des hommes pour nous placer dans quelque solitude où il nous fournît en abondance et avec profusion tout ce que la nature peut désirer, mais en nous ôtant la faculté de jamais apercevoir personne, quel est le cœur de bronze qui pourrait supporter une telle vie, et que cet isolement ne rendrait insensible à l'attrait de toutes les jouissances (3) ? »

(1) Quod si hoc apparet in bestiis, volucribus, nantibus, agrestibus, cicuribus, feris, primum ut se ipsæ diligant (id enim cum omni animante nascitur), deinde ut requirant et appetant ad quas se applicent, ejusdem generis animantes, idque faciant cum desiderio et cum quadam similitudine amoris humani, quanto id magis in homine fit natura.... *De Am.*, 81.

(2) Omne animal diligit simile sibi, sic et omnis homo proximum sibi. *Eccl.* XIII, 19.

(3) Hoc maxime judicaretur, si quid tale posset con-

Ainsi le cœur de l'homme a naturellement « horreur du vide ». Dès qu'il le sent autour de lui, sa vie se flétrit comme une fleur dont la sève se retire.

Quel que soit l'état moral de l'homme, ce besoin de la société se fait sentir à lui. Si la bonté règne dans son cœur, cette bonté, dont la nature est de se répandre, cherchera un être dans lequel elle puisse s'épancher. Supposez, au contraire, un de ces hommes de mœurs barbares, un de ces misanthropes fuyant avec horreur le commerce et la société de ses semblables, il lui faudra encore se résigner à chercher quelqu'un, pour exhaler auprès de lui sa haine et son venin (1). Aussi Aristote avait-il raison de dire

tingere, ut aliquis nos deus ex hac hominum frequentia tolleret et in solitudine uspiam collocaret, atque ibi suppetitans omnium rerum quas natura desiderat, abundantiam et copiam, hominis omnino adipiscendi potestatem eriperet. Quis tam esset ferreus qui eam vitam ferre posset cuique non auferret fructum voluptatum omnium solitudo? *De Am.*, 87.

(1) Quid etiam si quis ea asperitate est et immanitate naturæ, ut congressus et societatem hominum fugiat atque oderit, qualem fuisse Athenis Timonem nescio quem

qu'il n'y a pour se plaire dans la solitude qu'une bête fauve ou qu'un dieu (1). Or, où trouver la raison de cette tendance universelle, sinon dans la volonté même du Créateur? Dieu, en effet, aux premiers jours du monde, a proclamé qu'il n'était pas bon que l'homme fût seul (2).

Voilà pourquoi tous les êtres doués de raison aiment à se rapprocher et à s'unir.

Or l'union, n'est-ce pas le premier germe de l'amitié? Si, comme le remarque un savant de l'antiquité, tout ce qui existe dans la nature ou dans le monde entier, en repos ou en mouvement, subit l'influence de la sympathie et repousse celle de l'antipathie, et si c'est là, ajoute Cicéron, une vérité reconnue de tous, et constatée par l'expérience, à combien plus forte raison cette loi existera-t-elle pour les cœurs, les cœurs naturellement portés à s'unir pour s'aimer (3)?

accepimus, tamen, is pati non possit ut non anquirat aliquem, apud quem evomat virus acerbitatis suæ. *Ibid.* 87.

(1) Qui solitudine gaudet aut fera aut deus.

(2) Non est bonum hominem esse solum. *Gen.* II, 18.

(3) Agrigentinum quidem doctum quemdam virum car-

La sympathie, comme une force aveugle en quelque sorte, les rapproche d'abord, l'amitié, comme une force intelligente, les unit ensuite (1).

L'on peut donc dire que l'amitié est de l'essence de la vie humaine. Tous les siècles l'ont reconnu. «L'amitié, a dit Cicéron, est l'astre rayonnant du monde des cœurs, comme le soleil l'est du monde physique. Vous voulez bannir l'amitié de la vie, l'amitié, le plus doux présent des dieux immortels, mais c'est enlever au cœur de l'homme toute sa beauté, toute son activité, tout son rayonnement (2).

Sans l'amitié, l'homme, en effet, quelque égoïs-

minibus græcis vaticinatum ferunt, quæ in rerum natura, totoque mundo constarent, quæque moverentur ea contrahere amicitiam, dissipare discordiam. Atque hoc quidem omnes mortales et intelligunt et re probant. *De Am.*, n. 24.

(1) Videatur ergo amicitiæ principium esse benevolentia, quem admodum venerei amoris, ea voluptas, quæ ex sensu oculorum aspectuque capitur. Arist. *Eth.*, lib. IX.

(2) Solem enim e mundo tollere videntur qui amicitiam e vita tollunt, qua a diis immortalibus nihil melius habemus, nil jucundius. *De Am.*, n. 47.

te qu'il soit, souffre bientôt des ténèbres de l'isolement et de l'abandon dans lesquelles il se trouve plongé. Son cœur se raidit et se glace. Voilà pourquoi l'apôtre saint Jean avait raison de dire que celui qui n'aime pas est un cœur sans vie, le souffle glacial de la mort l'a flétri (1).

Or ce besoin d'avoir près de soi un cœur ami se fait sentir à l'homme dans quelque condition qu'il se trouve (2). Dans le bonheur son cœur est trop petit, il lui en faut un second auquel il puisse dire comme le poète à son ami : « Ce qui me manque ici pour être complétement heureux, c'est ta présence (3). »

Si quelqu'un, a dit un ancien philosophe, montait au ciel et y contemplait le spectacle de l'univers, la beauté des astres, l'ensemble, en un

(1) Qui non diligit, manet in morte. I. *Ep. S. Joan.* III, 14.

(2) Est necessaria ad usum vitæ. Quis enim est qui velit absque amicis vitam degere in summa etiam abundantia? In paupertate etiam cæterisque asperis rebus, amicos unicum ac singulare perfugium esse existimant. Arist. *Eth.*, lib. VIII, c. 1.

(3) Excepto quod non simul esses, cætera lætus. *Hor.*, Epist. x.

mot, de toutes les merveilles du monde, il n'éprouverait aucun plaisir à admirer toutes ces splendeurs qui l'eussent sensiblement charmé s'il eût pu en faire le récit à un autre (1). Et ainsi, conclut Cicéron, l'homme est l'ennemi né de la solitude et semble chercher toujours un soutien. Or, quel soutien plus doux qu'un véritable ami? Pour qu'un cœur puisse être heureux, il faut donc qu'il associe son bonheur au bonheur d'un autre cœur; il lui faut, en un mot, l'amitié.

Même nécessité dans l'épreuve, la pauvreté ou l'abandon.

Dans l'épreuve ou l'infortune, le cœur trop faible par lui-même ressemble à un bâtiment isolé que la tempête ébranle. S'il a pour point d'appui l'amitié d'une âme fidèle, il sera bien plus fort. Si, au contraire, il reste livré à sa seule

(1) Si quis in cœlum ascendisset naturamque mundi et pulchritudinem siderum perspexisset, insuavem illam admirationem ei fore, quæ jucundissima fuisset, si aliquem cui narraret habuisset. » Sic natura solitarium nihil amat, semperque ad aliquod tanquam adminiculum annititur quod in amicissimo quoque dulcissimum est. — Architas Tarentinus, apud Cicer. *De Am.*, n. 88.

unité, il sera renversé bien vite, faute d'un secours qui l'ait solidement étayé.

Dans la pauvreté, ce besoin d'un cœur ami se fait sentir si puissamment que bien souvent l'homme se tourne vers les créatures sans raison pour leur demander ce qu'il ne trouve pas parmi ses semblables. « Le pauvre qui n'a pas d'ami, a dit un éminent orateur, s'en fera un de quelque créature plus abandonnée que lui-même: il réchauffera dans son sein cet animal obscur et pieux qu'un écrivain chrétien a si bien appelé le « chien du pauvre ». Il lui sourira de l'ineffable sourire du délaissement; il lui confiera ces larmes inconnues qu'aucune tendresse ne recueille; il partagera avec lui le morceau de pain de sa journée, et ce sacrifice de la faim à l'amitié lui fera goûter jusque dans la misère le grand bonheur de la richesse, qui est de donner. »

« Ce n'est pas là le dernier effort de l'homme pour verser l'amour et pour en recevoir. Dans l'abandon, au milieu de ses fers, le prisonnier ira plus loin encore que le pauvre. Séparé par d'inexorables barrières de la nature et de l'humanité, il découvrira dans les fentes de son cachot quelque vil insecte, imperceptible compagnon de sa captivité. Il en approchera avec le tremblement de l'espérance et la délicatesse du respect ; il épiera les mystères de son existence ; il étudiera ses goûts ; il emploiera de longs jours à ne pas l'effrayer, à le faire passer de la crainte à la confiance, à obtenir enfin de lui une marque de retour qui diminue la solitude de son cœur et élargisse les murs de sa prison.

« Le chien console le pauvre, l'araignée attendrit le captif ; l'homme, enfant du bien, emporte partout avec lui un amour qui en fait une ressource et une félicité dans les horreurs mêmes de l'abandon (1).

(1) P. D. Lacordaire.

Voici comment Sylvio Pellico s'exprime lui-même dans le récit de sa captivité qui a pour titre *Mes Prisons* :

« Voyant si rarement des créatures humaines, je donnai mon attention à quelques fourmis qui venaient sur ma fenêtre ; je les nourris si somptueusement qu'elles allèrent chercher une armée de leurs compagnes, et la fenêtre fut bientôt pleine de ces petits insectes. Je donnai pareillement mes soins à une belle araignée qui tapissait une des parois de ma prison. Je la nourrissais avec des

« Mais y a-t-il dans la vie une heure spéciale, heure transitoire, où le cœur de l'homme cède à cette inclination d'aimer, après quoi, devenu plus rassis en quelque sorte, il peut se suffire et n'éprouve plus cette soif ardente de témoigner à un être semblable à lui sa sympathie, son intérêt, son affection? Non, parce que, sauf la première enfance, aucun âge n'est impropre à l'amitié. La jeunesse y apporte plus de

moucherons et des cousins, et elle se rendit familière au point de venir sur mon lit et sur ma main saisir sa proie entre mes doigts. » Chap. 26.

« Quoique j'eusse bien souffert dans cette prison, je m'affligeais de la quitter, non pas seulement parce que dans la froide saison elle devait être excellente, mais pour bien des raisons encore. J'avais là ces pauvres fourmis que j'aimais et que je nourrissais avec une sollicitude, je dirais presque paternelle, si l'expression n'était ridicule. Depuis quelques jours, cette chère araignée dont j'ai parlé avait émigré, je ne sais pour quel motif; mais je me disais : Qui sait si elle ne se ressouviendra pas de moi, si elle ne reviendra pas? Et maintenant que je m'en vais elle reviendra peut-être et trouvera la prison vide; ou bien s'il s'y trouve quelque autre habitant, peut-être sera-ce un ennemi des araignées, peut-être détruira-t-il avec sa pantoufle cette belle toile, peut-être écrasera-t-il le pauvre insecte!... » Ch. 42.

promptitude dans la sympathie, la maturité plus de constance, la vieillesse plus de désintéressement et de profondeur. Ni le rang, ni la fortune, ni rien de ce qui sépare les hommes, n'a ici d'acception.

« On a vu des rois aimer un de leurs sujets, des esclaves s'attacher à leur maître. L'amitié naît de l'âme dans l'âme, et l'âme ne compte que par elle-même...., car l'âme n'a pas d'âge. Son aliment est une convenance immatérielle entre deux âmes ; une ressemblance mystérieuse entre l'invisible beauté de l'une et l'invisible beauté de l'autre (1) ».

Ainsi s'expliquent certaines amitiés où l'âge de part et d'autre se trouve en disproportion sensible.

« C'est cette douce sympathie de cœur, dit Cicéron, qui me fit, dans ma jeunesse, aimer d'illustres vieillards. Sans doute, l'amitié brille d'un plus vif éclat entre gens du même âge; toutefois, par un retour heureux, le vieillard, bien souvent, se complaît dans l'amitié du jeune homme (2). »

Ce même philosophe remarque donc à juste

(1) P. D. Lacordaire.

(2) Hac nos adolescentes benevolentia senes diliximus.

titre que l'amitié est la seule chose ici-bas dont l'indispensable utilité soit reconnue de tous. La vertu même, en effet, trouve des contempteurs qui la traitent de calcul et de charlatanisme. D'autres méprisent les richesses, se contentent de peu et se plaisent dans la médiocrité. Quant aux honneurs, dont la soif ardente dévore quelques ambitieux, que de gens les dédaignent comme une vaine fumée, comme une vapeur légère! Il en est ainsi pour tout le reste; ce qui paraît admirable aux uns n'est rien aux yeux des autres. Mais sur l'amitié, il n'y a qu'une voix, qu'une opinion. Les personnages politiques, les savants, les érudits, les paisibles amateurs de leur bien-être, les voluptueux les plus effrénés, tous, pour peu qu'il leur reste encore quelque noblesse de sentiment, conviennent que la vie n'est rien sans l'amitié. En effet, elle s'introduit je ne sais comment dans l'existence de tous les hommes, et chaque âge, chaque condition doit lui payer son tribut (1).

Hæc etiam magis elucet inter æquales.... vicissim autem senes in adolescentium caritate acquiescimus. *De Am.*, n. 102.

(1) Una est enim amicitia in rebus humanis, de cujus

Voyons maintenant combien l'amitié est avantageuse au bien moral de l'homme.

Nous avons précédemment établi avec Cicéron que l'amitié véritable avait pour fondement la vertu, c'est-à-dire cette force morale du cœur qui le soutient dans la route du bien. Mais toute force, toute énergie, quelque puissante qu'elle

utilitate omnes uno ore consentiunt : quanquam a multis ipsa virtus contemnitur, et venditatio quædam et ostentatio esse dicitur. Multi divitias despiciunt, quos parvo contentos tenuis victus cultusque delectat; homines vero quorum cupiditate quidam inflammantur, quam multi ita contemnunt, ut nihil inanius, nihil levius esse existiment! Itemque cætera quæ quibusdam admirabilia videntur, per multi sunt qui pro nihilo putent. De amicitia autem omnes ad unum idem sentiunt, et ii qui se ad rempublicam contulerunt, et ii qui rerum cognitione doctrinaque delectantur, et ii qui suum negotium gerunt otiosi ; postremo ii qui se totos tradiderunt voluptatibus, sine amicitia vitam esse nullam, si modo velint aliqua ex parte liberaliter vivere. Serpit enim nescio quomodo per omnium vitas amicitia, nec ullam ætatis degendæ rationem patitur esse expertem sui. *De Am.*, n. 86.

Quocumque te verteris, præsto est ; nullo loco excluditur, nunquam intempestiva, nunquam molesta est. Itaque non aqua non igni, ut aiunt, pluribus locis utimur, quam amicitia. *De Am.*, n. 22.

soit, a ses moments de défaillance et de langueur. C'est une lampe ardente dont l'éclat pâlit si l'élément de sa splendeur s'épuise un instant. Or l'amitié, c'est cette main bienfaisante qui lui verse l'huile nutritive de sa lumière, et qui enlève tous les obstacles capables de voiler son rayonnement.

Cette vérité a été si bien comprise dès la plus haute antiquité, que « nous voyons, dit Aristote, les bons législateurs avoir toujours plus de soin de l'amitié que de la justice (1). »

Les lois de Minos allaient jusqu'à déclarer infâme quiconque n'avait pas d'ami. C'était reconnaître assez hautement la nécessité morale et physique de l'amitié.

« Sans aller si loin, dit un gracieux écrivain, je pense avec Sylvio Pellico que l'amitié est presque nécessaire à l'homme pour le défendre des vils penchants. Elle donne à l'âme je ne sais quel élan poétique, fort, sublime, sans lequel il

(1) Videntur autem etiam civitates continere amicitia majore, quam justitia in studio esse legum latoribus. Arist., *Eth.*, lib. VIII, cap. 1.

lui serait difficile de s'élever au-dessus de cette ornière fangeuse de l'égoïsme (1). »

Le témoignage des saints docteurs de l'Église confirme encore cette vérité. « On vous dira peut-être, écrit saint François de Sales, qu'il ne faut avoir aucune affection particulière, ni amitié pour personne, parce qu'elle occupe trop le cœur, distrait l'esprit et produit des jalousies; mais ce serait vous donner un très-mauvais conseil. Si l'on a appris de plusieurs sages et saints docteurs que les amitiés particulières nuisent infiniment aux religieux, il ne faut pas appliquer ce principe aux gens du monde. Il y a entre les uns et les autres une grande différence (2) ».... Dans le monde, il est

(1) H. Violeau, *Soirées de l'ouvrier*, ch. 7.

(2) Dans un monastère bien réglé, ajoute-t-il, tout conspire à une même fin qui est la perfection de leur état; dès lors ces communications d'amitiés particulières ne doivent pas y être tolérées, de peur qu'en cherchant en particulier ce qui est commun à tous, on ne passe des particularités aux partialités. Saint François de Sales, *Intr. à la Vie dévote*, IIIe partie, chap. 19.

V. S. Basile de Just. *Monach.* — Rodriguez, *Perfect. chrét.*, t. I, ch. 18, 19, 20. — Sainte Thérèse, *Chemin de la Perfection*, V-VII.

nécessaire que ceux qui veulent pratiquer la vertu s'unissent par une sainte amitié pour s'animer et se soutenir dans leurs exercices. Ceux qui vivent en religion ressemblent aux voyageurs qui, traversant une belle plaine, n'ont pas besoin de se donner la main. Mais ceux qui vivent dans le monde, où il y a tant de mauvais pas à franchir pour demeurer fidèles à Dieu, sont semblables aux voyageurs qui, dans des chemins difficiles, rudes ou glissants, se tiennent les uns aux autres pour ne pas tomber et marcher avec plus de sûreté. Dans le monde tous ne conspirent pas à la même fin; c'est ce qui nous montre la nécessité de ces liaisons particulières que l'Esprit de Dieu forme et conserve entre les cœurs qui veulent également lui être fidèles. J'avoue que cette particularité fait une partialité, mais une partialité sainte qui ne cause aucune séparation, que celle du bien et du mal (1) ».

(1) *Ibid.*, ch. 19. Sur cette pensée de saint François de Sales, Sylvio Pellico s'écrie :

« Dans le fait, les méchants se donnent la main pour faire le mal, et il ne serait pas permis aux bons de se la donner pour faire le bien ! » *Dev. des homm.*, ch. 13.

Cette autorité, qui a l'avantage de réunir le double prestige de la science et de la sainteté, n'est d'ailleurs que l'écho de l'Esprit-Saint. Un ami fidèle, disent les livres saints, c'est une forte protection. Quiconque l'a trouvé, a trouvé un trésor (1). Et, en effet, qui pourra dire tous les actes de vertu dont l'amitié a été l'entremetteuse? Qui pourra dire toutes les chutes qu'elle a empêchées? Que d'abîmes elle a fermés sous des pas chancelants! C'est pourquoi les saintes lettres ont proclamé un oracle qui résume à lui seul tout le bien de l'amitié: Malheur à celui qui est seul! s'il succombe, il n'aura personne pour le relever (2)! Et voilà le rôle le plus divin de l'amitié dépeint par le Ciel même. C'est une main secourable qui nous est tendue. Sans cette douce amitié du Sauveur Jésus, que fût devenue Madeleine? N'est-ce pas à l'amitié de Jésus que Lazare fut redevable de sa résurrection? Sans nous étendre davantage, concluons que

(1) Amicus fidelis protectio fortis : qui autem invenit illum, invenit thesaurum. *Eccli.*, vi, 14.

(2) Væ soli! quia cum ceciderit non habet sublevantem se. *Eccli.*, vi, 10.

l'amitié est aussi bien indispensable au bonheur de l'existence qu'à la pratique de la vertu, et que, se priver de l'amitié, c'est se priver du secours moral le plus puissant et du charme le plus doux de la vie.

CHAPITRE IV

AVANTAGES ET DOUCEURS DE L'AMITIÉ

Avantages généraux et particuliers, d'après Cicéron. — Douceurs et consolations, d'après un Père du VIIe siècle. — L'Écriture sainte sur ce sujet. — Le bonheur d'être aimé, d'après la raison. — L'amitié mobile ou occasion d'œuvres célèbres. — Exemples tirés de l'histoire.

« Le bien, a dit saint Denis, est aimable pour tous les êtres (1)». Tous, en effet, cherchent ce qui répond à cet instinct de bonheur inné en eux, et voilà pourquoi l'homme est naturellement porté à n'estimer réellement que ce qui peut contribuer à le rendre heureux. Aussi ne juge-t-il des choses qui l'environnent qu'en raison des avantages qu'il en peut retirer. Cette vérité, qui trouve sa sanction dans tout ce qui

(1) *De Div. nom.*, cap. 4.

concerne le bien matériel, comme le bien moral de l'homme, s'applique merveilleusement à l'amitié. Car l'amitié est une mine intarissable où l'on puise de si éminents avantages que le cœur humain a su justement l'apprécier.

Et d'abord, est-il possible, comme dit un ancien, de vivre de la vie réelle sans se reposer dans l'affection dont un ami paye notre affection? Quoi de plus doux que d'avoir un autre soi-même auquel on puisse tout dire!

Si nous considérons ce que nous donnent les autres objets de nos désirs, nous verrons qu'ils ne nous procurent guère chacun plus d'une jouissance. Les richesses nous donnent l'aisance; le pouvoir, les hommages; les dignités, la faveur; les plaisirs, la joie; la santé, l'absence de la douleur et le libre exercice des facultés physiques. L'amitié seule réunit une foule d'avantages. De quelque côté que vous vous tourniez, elle frappe partout vos regards; pour elle, jamais d'exclusion, jamais de contre-temps, jamais d'importunité (1).

(1) Cui potest esse vita vitalis, ut ait Ennius, qui non

C'est pourquoi nous devons reconnaître, avec le philosophe païen, que de toutes les sociétés qui existent ici-bas, aucune n'est plus noble, aucune n'est plus belle, aucune n'est plus solide que celle qui rapproche des hommes vertueux, dont les mœurs se ressemblent et qu'unit une douce et intime familiarité (1).

Mais entre tous les avantages si nombreux et si grands qu'elle nous offre, le plus précieux est assurément de faire briller à nos regards, dans l'avenir, la douce lueur de l'espérance, et de ne jamais souffrir que nos âmes s'affaiblissent ou succombent. Dans un ami, n'est-ce pas voir comme dans un miroir un autre soi-même?

in amici mutua benevolentia conquiescat? Quid dulcius, quam habere quicum audeas sic loqui ut tecum? Denique cæteræ res quæ expetuntur, opportunæ sunt singulæ rebus ferè singulis : divitiæ, ut utare; opes, ut colare; honores, ut laudere; voluptates, ut gaudeas; valetudo, ut dolore careas et muneribus fungare corporis. Amicitia, res plurimas continet. Quoquo te verteris, præsto est; nullo loco excluditur, nunquam intempestiva, nunquam molesta est. *De Am.*, n. 22.

(1) Omnium societatum, nulla præstantior est et firmior, quam quum viri boni, moribus similes sunt familiaritate conjuncti. *De Offic.*, lib. 1, cap. 18.

Aussi l'amitié rapproche les absents, enrichit l'indigence, donne de la force à la faiblesse, et, pour dire plus encore, fait revivre les morts dans la vénération, le souvenir, les regrets qui suivent nos amis (1).

N'avons-nous pas, en ces quelques lignes, un admirable aperçu de ce que l'amitié a de plus doux? Quel charme plus puissant ou plus tendre pour le cœur pourrait lui être préféré? Ah! le philosophe avait bien raison de se sentir animé de pitié à la vue de ces hommes qui ne pensent qu'à jouir des avantages de l'or, sans penser à se procurer les avantages de l'amitié.

« Quoi de plus absurde, dit-il, que de se

(1) Quumque plurimas et maximas commoditates amicitia contineat, tum illa nimirum præstat omnibus, quod bona spe prælucet in posterum, nec debilitari animos aut cadere patitur. Verum etiam amicum qui intuetur, tanquam exemplar aliquod intuetur sui. Quocircà et absentes adsunt, et egentes abundant, et imbecilli valent, et quod difficilius dictu est, mortui vivunt, tantus eos honos, memoria, desiderium, prosequitur amicorum ex quo illorum beata mors, videtur, horum vita laudabilis. *De Am.*, n. 23.

complaire dans mille vanités, telles que les honneurs, la gloire, les édifices, les habits précieux, les parures, et de rester indifférent à la possession d'un cœur vertueux qui puisse nous chérir et nous rendre en quelque sorte tendresse pour tendresse? Est-il rien de plus doux qu'une réciprocité d'affection, qu'un échange de zèle et de services (1)?

Et renchérissant sur cette pensée, il ajoute :

« Quelle étrange folie, lorsque l'on peut beaucoup par son crédit, ses ressources, ses trésors, d'acquérir seulement tout ce que l'on peut avoir pour de l'argent : des chevaux, des valets, des riches habits, des vases précieux, et de ne pas se procurer des amis, le meilleur, pour ainsi parler, et le plus beau meuble de la vie! Dans l'acquisition des autres biens, on ne sait pas, en

(1) Quid enim tam absurdum, quam delectari multis inanibus rebus, ut honore, ut gloria, ut ædificio, ut vestitu cultuque corporis; animo autem virtute prædito, eo qui vel amare, vel ut ita dicam redamare possit, non admodum delectari? Nihil est enim remuneratione benevolentiæ, nihil vicissitudine studiorum officiorumque jucundius. *De Am.*, n. 49.

somme, pour qui on les achète, car on peut les perdre; mais la possession d'un ami est à jamais stable et certaine, et même en supposant que les dons de la fortune nous restent, une vie stérile et pauvre d'amis ne saurait être agréable (1). »

Et, en effet, il semble qu'un homme est bien matériel et bien vil quand il se retranche dans son égoïsme et sa froide avarice de cœur, au point de se complaire et de se suffire à lui-même dans son isolement.

« Ainsi donc, concluait Cicéron, comme les choses d'ici-bas sont fragiles et périssables, faisons-nous toujours, pour remplacer les anciens, des amis nouveaux que nous chérissions

(1) Quid autem stultius quam, cum plurimum copiis, facultatibus, opibus possint, cætera parare quæ parantur pecunia, equos, famulos, vestem egregiam, vasa pretiosa; amicos non parare, optimam et pulcherrimam vitæ, ut ita dicam, supellectilem? Et enim, cætera cum parant, cui parent nesciunt, nec cujus causâ laborent; ejus enim est istorum quodque qui vincit viribus : amicitiarum sua cuique permanent stabilis et certa possessio; ut, etiam si illa maneant quæ sunt quasi dona fortunæ, tamen vita inculta et deserta ab amicis, non possit esse jucunda. *De Am.*, n. 55.

et qui nous chérissent, car bannir de la vie la tendresse et les sentiments affectueux, c'est lui ôter tout son charme (1). »

Tels sont les sentiments du paganisme sur les avantages et les douceurs de l'amitié. Le christianisme, en les abritant sous son aile tutélaire, n'a su qu'ajouter à leur suavité le charme de sa céleste influence.

« Est-il rien de plus doux, écrivait un saint évêque au commencement du VIIe siècle, est-il rien de plus doux, rien qui repose plus délicieusement le cœur et lui donne une plus charmante sécurité que la présence fréquente d'un autre soi-même à qui l'on puisse découvrir avec une pleine liberté, avec une sorte de plaisir même, tous les secrets les plus cachés de son âme ; à qui l'on puisse faire une confidence aisée et sans réserve de toutes ses pensées, de tous ses sentiments, de toutes ses craintes, de tous ses désirs, sans redouter la moindre infi-

(1) Quoniam res humanæ fragiles caducæque sunt, semper aliqui anquirendi sunt, quos diligamus et a quibus diligamur : caritate enim benevolentiaque sublata, omnis est e vita sublata jucunditas. *De Am.*, n. 103.

délité, la moindre indiscrétion? Un ami, c'est la tendresse unie à la prudence, qui vous redresse avec douceur et avec bonté si vous avez failli; c'est le zèle le plus attentif à vous procurer tout le bien qu'il chercherait pour lui-même. Il s'attriste avec vous dans vos peines; il se réjouit de vos joies; il vous anime et vous encourage au bien quand vous manquez de force; il vous aide de ses conseils, vous secourt avec empressement dans vos besoins; il vous relève dans vos abattements; il vous passe avec charité vos faiblesses et met tout en usage pour les guérir, comme les siennes propres. Quel bien dans la vie offre plus de charme qu'une union intime, cordiale, chrétienne de deux amis véritables qui se prêtent réciproquement les épaules pour porter la moitié du fardeau dont l'un ou l'autre est chargé (1)! »

Est-il possible de dépeindre avec plus de simplicité et de grâce le charme fécond de l'amitié? Tracé par un Père de l'Église, ce frais et délicieux portrait de l'amitié n'a rien perdu de

(1) S. Isidore de Séville.

sa vivacité et de sa vérité en traversant plus de douze siècles pour arriver jusqu'à nous.

Porter à deux, en effet, le fardeau de la vie, fardeau d'épreuves et de misères (1), c'est bien la plus douce consolation ici-bas. L'homme seul et isolé dans cette vallée de larmes « n'est qu'un roseau fragile dont les souffles divers qui l'agitent, ne peuvent tirer que des sons plaintifs »; mais réconforté et soutenu par le cœur d'un ami, il peut braver la tempête et se redresser plus facilement vers le ciel. Aussi les livres saints disent-ils qu'un ami fidèle c'est le remède de la vie (2). La vie, c'est une souffrance, c'est une douleur, c'est un combat perpétuel (3); l'amitié fidèle est là pour sécher une larme, alléger une douleur, consoler une infortune, relever un cœur abattu. Car la parole d'un ami c'est, comme le dit l'Esprit-Saint, le baume

(1) Homo natus de muliere, brevi vivens tempore, repletur multis miseriis. *Job*, XIV, 1.

(2) Amicus fidelis medicamentum vitæ et immortalitatis. *Eccli.* VI, 16.

(3) Militia est vita hominis super terram, et sicut dies mercenarii dies ejus. *Job*, VII, 1.

le plus efficace pour tempérer les amertumes dont l'âme est abreuvée (1). Aussi n'est-il au monde rien de comparable à l'ami fidèle : ni l'or ni l'argent ne pourraient former un trésor dont la valeur lui fût comparable (2) !

« Être aimé, en effet, d'une créature intelligente, bonne, belle, tendre, fidèle, dévouée, sainte enfin ; entrer dans le secret de sa vie ; recevoir les épanouissements de son intelligence et de son cœur ; jouir de sa fidélité ; s'appuyer sur sa force ; regarder comme à soi tout ce qu'elle a ; être sûr d'être compris si on lui parle ; consolé par elle si l'on souffre ; assisté si l'on a besoin ; relevé si l'on tombe ; pardonné si l'on a failli ; être aimé toujours, enfin ; aimé, quoi qu'il advienne, c'est un bonheur si excellent qu'à peine le rencontre-t-on sur la terre, quoiqu'on ne se décourage jamais de le chercher (3). »

(1) Bonis amici consiliis anima dulcoratur. *Prov.* XXVII, 9.

(2) Amico fideli nulla est comparatio, et non est digna ponderatio auri et argenti. *Eccli.*, VI, 15.

(3) L'abbé Ch. Gay. *Conf. aux mères chrét.*, t. II, ch. 14.

Heureux, bienheureux donc, répéterons-nous mille fois avec l'Écriture, celui qui a trouvé un véritable et fidèle ami (1).

L'amitié a souvent offert à travers les siècles d'autres avantages qui n'ont point été circonscrits dans les bornes de deux existences privées, mais dont le monde entier a pu bénéficier.

« *È fatto con amore* (2), » disent les Italiens, quand ils veulent parler de ce cachet inimitable imprimé à toute œuvre que son auteur a commencée, poursuivie et achevée avec ce mélange de zèle ardent et d'ingénieuse tendresse auquel on ne saurait donner d'autre nom que celui d'amour. En regardant cet objet on voit qu'un motif puissant animait son auteur ; il s'y reflète un rayon, pour ainsi dire, du feu sacré dont son cœur était dévoré (3). » Or, il en est de même de l'amitié. Bien souvent elle a inspiré des œuvres

(1) Beatus qui invenit amicum verum. *Eccli.*, XXV, 15.

(2) Litt : *C'est fait avec amour*. Nous disons de même : beau comme un amour.

(3) E. de Margerie. *Lettres à un jeune homme sur la piété*. Lettre Ire.

admirables, des œuvres de génie même, qui sont là comme des monuments éternels pour attester à toutes les générations la puissance de sa fécondité; et sur le frontispice de chacune on peut lire ces mots : « É FATTO CON AMORE. »

Ouvrons l'histoire. Mais pour éviter toute prolixité, nous ne citerons que quelques exemples des plus connus (1).

Qui donc n'a pas lu avec un véritable charme les affectueux conseils de l'expérience et de la tendresse s'épanchant du cœur de saint Jérôme dans celui de Népotien? Et dans un autre ordre d'idées, qui ne connaît la douce intimité de Charlemagne et de Roland? La fameuse brèche ouverte sous les coups de Durandal et les sons désespérés du cor font trop oublier la touchante amitié qui régnait entre ces deux héros. Quelle admirable peinture n'en fait pas la chan-

(1) Nous ne citerons aucun exemple de l'antiquité. Nous ferons seulement remarquer que Cicéron a écrit le *De Amicitia* pour répondre au désir de son intime ami Atticus, ainsi qu'il le déclare lui-même : « Sed ut tunc senex de senectute, sic hoc libro ad amicum amicissimus de amicitia scripsi. » *De Am.*, n. 5.

son de Roland à Roncevaux! C'est un hymne de patriotisme et de bravoure chevaleresque; mais c'est aussi le chant sublime et déchirant de l'amitié (1).

Saint Louis avait dans le sire de Joinville plutôt un ami et un confident qu'un véritable historien (2).

Saint Bernard, écrivant à Bernard de Pise, devenu Eugène III, a immortalisé le souvenir de la sainte amitié qui les unissait, dans une lettre touchante sur son élévation au souverain pontificat et dans son livre de la Considération.

Qui ne connaît les *Essais* de Montaigne et le remarquable chapitre où avec un rare bonheur il dépeint l'affection profonde qui l'attache à La Boétie? Et plus près de nous encore, n'avons-nous pas un monument élevé par l'amitié dans les *Moines d'Occident*? La préface le démontre assez clairement, et ainsi se trouve consacrée par un souvenir l'affection réciproque

(1) V. Léon Gautier. *La Chanson de Roland.*
(2) *Mémoires du sire de Joinville.*

de deux hommes illustres : le père Lacordaire et le comte de Montalembert.

La femme n'est pas exclue de ce vaste champ du génie activé par l'amitié. L'amitié l'a faite l'occasion fréquente, si j'ose ainsi parler, d'œuvres immortelles qui, sans elle peut-être, n'auraient pas existé.

Si j'ai parlé de saint Jérôme et de Népotien, je ne dois pas oublier les Paule et les Eustochium exerçant sur le saint docteur une influence si féconde pour l'Église. Aussi cette amitié de saint Jérôme pour ces nobles Romaines était-elle en butte aux coups de l'envie (1).

« Les lettres chrétiennes, dit M. Ozanam, ont présenté plus d'une fois ce spectacle, pendant les siècles qui ont suivi saint Jérôme. Les vierges franques et saxonnes remplissent les monastères, et les saints écrivent pour elles comme les Pères pour les vierges des premiers siècles. Ainsi Fortunat, pour sainte Radegonde, épouse du roi Clotaire ; saint Boniface, au mi-

(1) On sait que l'apôtre saint Jean a dédié la seconde de ses épîtres à la noble dame Electa.

lieu des immenses travaux de son apostolat, pour Lioba, abbesse d'un des monastères d'Angleterre, qui, plus tard, suivit la trace de saint Boniface, continua ses travaux apostoliques et éleva des couvents dans les forêts de la Germanie, pour faire l'éducation des jeunes barbares. Ainsi Alcuin comptera parmi ses disciples les filles et les nièces de Charlemagne; elles lui demanderont des commentaires sur saint Jean, et elles ne manqueront pas de lui rappeler que saint Jérôme ne méprisait pas les prières des nobles femmes; il y a moins loin, ajoutaient-elles, de Tours à Paris que de Bethléem à Rome. Et désormais on voit les femmes chrétiennes prendre peu à peu rang dans la théologie et dans les lettres : c'est au xe siècle, Hroswitha; au xiie siècle, sainte Hildegarde; plus tard, c'est sainte Catherine de Sienne qui partage la gloire des plus grands écrivains; c'est enfin, au seuil des temps modernes, cette grande sainte Thérèse qui étonne encore le monde de son génie. Cette influence se continuera, et au milieu du xviie siècle les plus grands écrivains brigueront les suffrages d'un certain nombre d'incomparables femmes (1). »

Sans doute, il est des esprits malsains qui osent de nos jours, comme du temps de saint Jérôme, interpréter défavorablement ces saintes liaisons formées souvent à l'école de la science et abritées toujours sous l'aile tutélaire de la religion.

« Pour nous, dit un hagiographe, ce qui scandaliserait des esprits étroits et malveillants, est précisément ce qui nous charme aujourd'hui. Non, ni la religion, ni la philosophie, ni l'histoire, ni la poésie chrétienne ne condamnent ces douces et pures influences placées quelquefois par la Providence auprès des hommes de génie et des saints.

« Fiction ou réalité, qui oserait reprocher à Dante Béatrix? Et si on descend plus avant dans l'histoire, qui n'admirerait dans un ordre supérieur sainte Chantal, semblable en ceci comme en tout le reste à sainte Paule, exerçant près de saint François de Sales, dans son monastère de la Visitation, la même mission

(1) *La Civil. chrét. au* V^e *siècle*. Tome II.

que la noble Romaine près de saint Jérôme, dans les couvents de Bethléem (1)? »

« Saint François de Sales, en effet, avait résolu de composer un grand ouvrage dans lequel il exposerait, avec toute la clarté dont il était capable, les divines opérations de la grâce. Mais le saint évêque cherchait vainement à se procurer les loisirs qu'exigeait un tel travail. Heureusement sainte Chantal était là; elle l'aiguillonnait sans cesse; elle lui écrivait à chaque instant des billets courts et vifs pour l'exciter à achever son œuvre, le remerciant et faisant éclater sa joie quand il se remettait à l'ouvrage; ne pouvant cacher sa peine quand des affaires l'obligeaient à l'interrompre, et, selon l'expression du saint, lui tenant l'épée sous la gorge et ne lui laissant pas un moment de repos. Ainsi fut achevé le céleste traité de l'Amour de Dieu (2). »

Voilà quelques exemples qui prouvent surabondamment la sainte influence, la puissance

(1) *Vie de sainte Paule*, par M. Lagrange.

(2) *Histoire de sainte Chantal*, par M. Bougaud, t. II.

féconde de l'amitié (1). L'on pourrait de même, siècle par siècle, parcourir tous les arts, toutes les industries, partout l'on trouverait des monuments élevés à l'amitié ou inspirés par elle; partout l'on trouverait des noms et des œuvres célèbres, tant est vraie cette parole de Cicéron : « Les fruits du génie, du mérite et de toute espèce de supériorité ne sont jamais plus avantageux à recueillir que quand nous les partageons avec tous ceux qui nous entourent ou qui nous sont chers (2). »

(1) Mentionnons en passant la douce figure d'Eugénie de Guérin. Personne n'ignore les fruits de son intime et sainte amitié pour Maurice. Nous pourrions citer encore : Mme de Sévigné et Mme de Grignan; Mme Swetchine et le P. D. Lacordaire, etc.

(2) Fructus enim ingenii et virtutis, omnisque præstantiæ tum maximus capitur, quum in proximum quemque confertur. *De Am.*, 70.

CHAPITRE V.

DEVOIRS DE L'AMITIÉ.

Notion du devoir. — L'honneur et le respect. — Les avis. — Douceur dans les avis, l'indulgence, la faiblesse, la flatterie, le zèle exagéré. — Obligation de recevoir les avis. — Des ruptures dans l'amitié. — Ligne de conduite dans les ruptures. — Fidélité dans l'infortune. — Devoirs spirituels de l'ami chrétien.

Le devoir en général, c'est la conscience embrassant à la fois, dans leur exercice moral, la justice et la charité. Ne pas faire à autrui ce que nous ne voudrions pas qu'autrui nous fît, voilà la justice ; faire à autrui en toute rencontre ce que nous voudrions qu'il fît pour nous, voilà la charité. Ainsi le devoir porte chacun en dehors de soi, et il a pour but le bien ou la conservation du bien. Ce que nous appelons accomplir un devoir, c'est donc faire quelque chose de bon, d'utile à autrui.

Or, il n'est point de créature dont l'existence ne dépende des autres créatures. S'il faut pour qu'elles subsistent qu'incessamment il s'opère entre elles une transfusion de leur être, puisque vivre c'est recevoir, et que mourir c'est donner, il s'ensuit que le devoir est une obligation commune à tous les êtres. Et ainsi la vie, dans sa condition première, est un sacrifice, une communion perpétuelle et universelle. Mais ce que les corps bruts, les plantes, les animaux sans raison et soumis dès lors à la nécessité font aveuglément, par une impulsion fatale et irrésistible, l'homme doit le faire librement; il doit aimer ses frères comme lui-même, vouloir leur bien comme il veut son bien, se dévouer pour eux (1).

Tel est le devoir en général. Il ne nous oblige donc, à proprement parler, dans le cours ordinaire de la vie, à réaliser pour nos semblables qu'une certaine somme de bien. Cette somme de bien, nous pouvons, nous devons même la multiplier en faveur de nos amis. En raison de

(1) Lamennais. *Le Livre du peuple*, IX, X, *passim*.

l'intimité qui règne entre leur cœur et le nôtre, nous nous créons de nouvelles obligations. De là des devoirs spéciaux à l'amitié.

Quand on aime sincèrement, on veut infailliblement le bonheur de ce qu'on aime. Aussi, rendre la vie d'un ami plus heureuse, et, dans ce but, travailler à en diminuer la somme des peines et des amertumes, à en augmenter la somme des joies et des douceurs, voilà bien ce que doit faire l'amitié. Mais pour fidèlement remplir ce noble devoir, il faut en mesurer toute l'étendue. Ce mot de devoir exprime une obligation multiple ; nous allons en scruter toutes les particularités.

« Consacrons pour première loi dans l'amitié, a dit Cicéron, de n'exiger de nos amis, de ne faire pour eux que ce que l'honneur commande ; mais alors n'attendons pas qu'ils nous prient ; montrons-leur toujours de l'empressement, ne témoignons jamais d'hésitation (1). »

(2) Hæc igitur prima lex amicitiæ sanciatur ut ab amicis honesta petamus ; amicorum causa honesta faciamus ; ne expectemus quidem dum rogemur, studium semper adsit, cunctatio absit. *De Am.*, n° 44.

L'honneur, en effet, doit être pour tous les hommes une chose sacrée; il n'est d'ailleurs aucun point sur lequel ils se montrent plus naturellement jaloux. L'honneur est à leurs yeux le prestige de tout cœur généreux et fier, et c'est pour cette raison même qu'il doit former l'auréole de l'amitié.

Mais l'honneur ne saurait subsister s'il n'a pour fondement le respect. Le respect et l'honneur sont deux choses si intimement unies, qu'il est impossible d'isoler leur existence. C'est la colonne qui repose sur sa base et qui ne saurait autrement supporter l'édifice. C'est pourquoi le même philosophe a dit : « l'amitié ne peut s'établir sur des bases fermes et stables qu'entre gens pleins de zèle pour la droiture et la justice, capables de tout faire l'un pour l'autre, sans jamais pourtant se demander rien que condamnent l'honneur et le devoir; pénétrés enfin d'un attachement, d'une déférence, je dois dire d'un respect mutuel, que l'on ne saurait enlever à l'amitié sans lui ôter son plus bel ornement (1).

(1) Deinde æquitate justitiaque gaudebunt; omnia alter

Mais il est bien difficile, en général, que la nature se dépouille complétement de ses inconstances et de ses faiblesses. Bien que deux cœurs ne songent jamais à forfaire à l'honneur, il peut arriver cependant que l'un d'eux s'oublie un instant et chancelle dans le sentier si difficile de la droiture ou de la vertu. Aussi, dès qu'il entrevoit les symptômes d'une défaillance quelconque, l'autre doit aussitôt puiser dans le secret de son affection un avis, un conseil fraternel, et le donner librement. Car, un ami qui conseille le bien doit avoir sur son ami une puissante autorité. Qu'il s'en serve pour parler d'abord avec franchise et même au besoin avec sévérité (1).

pro altero suscipiet, neque quidquam numquam nisi honestum et rectum alter ab altero postulabit; neque solum se colent inter se, ac diligent, sed etiam verebuntur : nam maximum ornamentum amicitiæ tollit, qui ex ea tollit verecundiam. *De Am.*, n° 83.

(1) Consilium vero dare gaudeamus libere. Plurimum in amicitia amicorum bene suadentium valeat auctoritas, eaque adhibeatur ad monendum non modo aperte, sed etiam acriter, si res postulabit, et adhibitæ pareatur. N° 44.

Il est donc indispensable bien souvent d'adresser à ses amis des conseils, des reproches même. Toutefois, ils doivent être pris en bonne part, puisque c'est la bienveillance qui les dicte (1).

Un conseil, il est vrai, est toujours une chose délicate, aussi faut-il avoir grand soin et grand scrupule de ne mettre ni amertume dans ses avis, ni outrage dans ses reproches (2); car alors le remède pourrait devenir pire que le mal. D'ailleurs, si la justice demande qu'un sage avis soit donné en toute liberté, la charité veut, de son côté, que cet avis soit revêtu des formes les plus douces et les plus propres à toucher le cœur sans le blesser.

Sans doute, l'amitié peut nous donner plus d'un sujet de soupçon et de plainte, mais la

(1) Nam et monendi amici sæpe sunt et objurgandi, et hæc accipienda amice, quum benevole fiunt. *Ibid.*, 89. — Monere et moneri amicitiæ proprium est. N. 92. — Nulla amicitia est quæ verum audire negat. N. 98.

(2) Omni igitur hac in re, habenda est ratio et diligentia, primum ut monitio acerbitate, deinde ut objurgatio contumelia careat. N. 90.

sagesse sait les éviter, les atténuer, les supporter (1). Prenons garde toutefois que l'indulgence ne descende jusqu'à la faiblesse. « On doit assurément, dit saint François de Sales, supporter avec douceur les imperfections de son ami, mais il ne faut pas les entretenir, et bien moins encore les laisser passer jusqu'à nous par complaisance, c'est une amitié faible et *méchante* que de n'oser alors lui donner un avis *même un peu douloureux* (2). » Rien de plus funeste qu'une complaisance illimitée pour les faiblesses d'un ami (3).

Un ami ose-t-il nous faire une demande indiscrète, une demande contraire à la conscience? Montrons-nous inflexibles et intransigeants. Si

(1) Est enim varius et multiplex usus amicitiæ, multæque causæ suspicionum offensionumque dantur, quas tum evitare, tum elevare, tum ferre sapientis est. *De Am.*, 89.

(2) *Intr. à la vie dévote*, ch. XXII, IIIe partie.

(3) Molesta veritas, si quid ex ea nascitur odium quod est venenum amicitiæ : sed obsequium multo molestius, quod, peccatis indulgens, præcipitem amicum ferri sinit. Maxima autem culpa in eo est, qui et veritatem aspernatur et in fraudem obsequio impellitur. *Ibid.*, n. 90.

nous consentons à ce qu'il nous demande, nous courons à notre ruine aussi bien qu'à la sienne, et notre condescendance est alors doublement coupable. Si nous lui donnons un refus, il nous accusera peut-être de trahir par là-même les droits de l'amitié, et les plaintes qui éclateront pourront briser tout lien d'affection et même engendrer des inimitiés éternelles; toutefois, si nous mettons dans notre refus toute la délicatesse et toute l'affection dont nous sommes capables, nous arriverons peut-être à gagner cet ami et à le ramener à de plus nobles sentiments. Ainsi, en nous maintenant dans les limites du devoir, nous n'aurons qu'à déplorer, s'il résiste à nos sages remontrances, la perte d'un ami qu'aveugle la passion (1).

(1) Magna etiam dissidia et plerumque justa nasci, quum aliquid ab amicis, quod rectum non esset, postularetur; ut aut libidinis magistri aut adjutores essent ad injuriam. Quod qui recusarent, quamvis honeste id facerent, jus tamen amicitiæ deserere arguerentur ab iis quibus obsequi nollent; illis autem qui quidvis ab amico auderent postulare, postulatione ipsa, profiteri omnia se amici causa esse facturos. Eorum querela inveteratas non modo familiaritates extingui solere, sed etiam odia gigni sempiterna. *De Am.*, n° 35.

Veillons à n'encourager jamais par notre faiblesse les égarements d'un ami. Le devoir de l'amitié est alors d'oser déplaire et de parler (1). C'est ce qui a fait dire à Caton que l'on a quelquefois plus d'obligation à des ennemis acharnés, qu'à certains amis qui semblent pleins de douceur, car les uns nous disent souvent la vérité, les autres ne la disent jamais (2). Un des fléaux les plus terribles en amitié est donc la basse complaisance. On en peut dire autant de la flatterie et de l'adulation. Car on ne saurait trouver de termes assez énergiques pour flétrir le vice de ces hommes frivoles et trompeurs, qui parlent toujours selon nos désirs, mais qui ne disent jamais la vérité (3). Ce sont des hypocrites

(1) Una illa sublevanda offensio est, ut et veritas in amicitia et fides retineatur. *De Am.*, n° 89.

(2) Melius de quibusdam acerbos inimicos mereri quam eos amicos qui dulces videantur : illos verum sæpe dicere, hos numquam. *Ibid.*, n° 91.

(3) Habendum est nullam in amicitiis pestem esse majorem quam adulationem, blanditiam, assentationem. Quamvis enim multis nominibus est hoc vitium notandum, levium hominum atque fallacium ad voluntatem loquentium omnia, nihil ad veritatem. *Ibid.*, n° 92.

dont il faut se défier et qu'il faut fuir (1).

Ainsi, un ami doit être un homme de conseil; c'est une qualité dont les saintes Écritures exaltent le prix en raison des immenses avantages qu'elle procure (2).

Cependant il est sur ce point un écueil contre lequel peut facilement donner l'amitié. Que le zèle d'un ami se garde bien de toute exagération. Un ami sérieux ne doit se plaire jamais à accuser son ami, ni à croire facilement celui qui l'accuse. S'il doit bannir toute feinte, toute dissimulation, il est indispensable qu'il repousse les inculpations faites ou portées contre celui qu'il aime; qu'il ne soit point soupçonneux, ni toujours disposé à lui prêter des torts (3). Autrement l'abandon, l'intelligence, la cordialité disparaîtront nécessairement.

Le devoir de deux amis n'est pas seulement

(1) Neque enim fidum potest esse multiplex ingenium et tortuosum. *Ibid.*, n. 65.

(2) Cor boni consilii statue tecum : non est enim tibi aliud pluris illo. *Eccli.*, XXXVII, 17. Et ailleurs : Multi pacifici sint tibi, et consiliarius sit tibi unus de mille. *Ibid.*, VI, 6.

(3) Addendum eodem est ut ne criminibus aut inferendis delectetur amicus aut credat oblatis... Est enim

de s'avertir mutuellement; il faut, par-dessus tout, que la parole de l'ami qui conseille le bien ou qui donne un sage avis soit écoutée (1). Lorsqu'on nous avertit de nos fautes, c'est une obligation pour nous d'accepter avec reconnaissance le conseil qui nous est donné. L'Écriture ne dit-elle pas que la parole sincère et vraie qui nous vient d'un ami, c'est un baiser qu'il dépose sur nos lèvres (2)? Et d'ailleurs, ajouterons-nous avec Cicéron, est-il rien de plus déraisonnable que de rester insensible à la peine que l'on devrait ressentir, et d'éprouver précisément celle qu'il faudrait s'épargner? Car ce n'est pas d'avoir mal fait que l'on souffre, mais c'est d'essuyer un reproche. Or l'on devrait au contraire

boni viri, quem eumdem sapientem licet dicere, hæc duo tenere in amicitia, primum, ne quid fictum sit neve simulatum;... deinde non solum ab aliquo allatas criminationes repellere, sed ne ipsum quidem esse suspiciosum, semper existimantem ab amico esse violatum. *De Am.*, n. 65.

(1) *Loco cit. De Am.*, n. 44.

(2) Labia deosculabitur qui recta verba respondet. *Prov.*, XXIV, 26.

déplorer la faute que l'on a faite et se réjouir de la réprimande (1).

Quant à celui qui ferme l'oreille à la vérité jusqu'à refuser de l'entendre de la bouche de son ami, il faut désespérer de son salut (2). C'est même souvent un malheur nécessaire que de rompre avec lui ; car un jour viendra où, grâce à son orgueil, ses vices éclateront au préjudice de ses amis. Dès lors il est prudent et sage de cesser peu à peu les rapports d'intimité. Plutôt découdre que déchirer, comme disait Caton, à moins toutefois qu'une intolérable iniquité, portant à la vertu et à l'honneur une atteinte brûlante, ne commande impérieusement et à l'instant même la séparation et la rupture (3).

(1) Atque illud absurdum est quod ii qui monentur, eam molestiam, quam debent capere, non capiunt, eam capiunt qua debent vacare. Peccasse enim se arguuntur, objurgari moleste ferunt ; quod contra oportebat, delicto dolere, correctione gaudere. *De Am.*, n° 91.

(2) Cujus autem aures veritati clausæ sunt, ut ab amico verum audire nequeat, hujus salus desperanda est. *Ibid.*, n° 91.

(3) Est etiam quasi calamitas in amicitiis dimittendis nonnunquam necessaria : erumpunt enim sæpe vitia amicorum in ipsos amicos et alienos quorum tamen ad ami-

En dehors de ce cas tout exceptionnel, quelles que soient les difficultés qui surviennent, évitons tout éclat. S'il faut rompre, rompons lentement. Que l'amitié semble alors plutôt éteinte qu'étouffée; autrement elle se changerait en une violente inimitié, source de querelles, de médisances et d'outrages. Même alors, supportons ces attaques tant qu'elles seront supportables, et, par ce dernier hommage à une ancienne amitié, laissons à l'offenseur tout le tort de l'offense (1).

eos redundet infamia. Tales igitur amicitiæ sunt remissione usus diluendæ. Et, ut Catonem dicere audivi, dissuendæ magis quam discindendæ, nisi quædam admodum intolerabilis injuria exarserit, ut neque rectum, neque honestum sit, neque fierit possit, ut non statim alienatio disjunctioque facienda sit. *De Am.*, n° 76.

(1) Quamobrem primum danda opera est ut ne qua amicorum dissidia fiant. Sin tale aliquid evenerit, ut extinctæ potius amicitiæ quam oppressæ esse videantur. Cavendum vero est ne etiam in graves inimicitias convertant se amicitiæ, et quibus, jurgia, maledicta, contumeliæ generentur. Quæ tamen si tolerabiles erunt, ferendæ sunt; et hic honos veteri amicitiæ tribuendus est, ut is in culpa sit qui faciat, non qui patiatur injuriam. *De Am.*, n° 78.

La sainte Écriture donne le même conseil : Amicum

Enfin, si les plus terribles épreuves de l'infortune viennent fondre sur un ami, oh! que jamais notre dévouement ne se démente un seul instant! L'amitié doit s'inspirer alors de nobles et magnanimes sentiments et montrer la plus inaltérable fidélité. Je ne parle point ici de ce dévouement sublime qui fait abnégation de la vie et sacrifie tout en un instant pour sauver les jours d'un ami. Quoique ce dévouement soit le plus beau, comme dit Jésus-Christ (1), nous le devons cependant à tout le monde : c'est une loi de charité devenue toute naturelle, pour ainsi dire, grâce aux lumières de l'Évangile. Mais je parle ici du dévouement dont l'amitié doit faire preuve, à ces heures de la vie où le cœur se laisse trop facilement abattre, désespère de sa fortune et s'abandonne au découragement (2). Si jamais

salutare non confundar; a facie illius non me abscondam : et si mala mihi evenerint per illum sustinebo. Omnis qui audiet cavebit se ab eo. *Eccli.*, XXII, 31, 32.

(1) Majorem hac dilectionem nemo habet, ut animam suam ponat quis pro amicis suis. *Joan.*, XV, 13.

(2) Sæpe enim in quibusdam aut animus abjectior est, aut spes amplificandæ fortunæ fractior. Non est igitur amici talem esse in eum qualis ille in se est, sed potius

nous avons vu un ami demeurer fidèle à son ami ainsi aux prises avec l'adversité, mettre tout en œuvre pour ramener dans cette âme l'espérance et des pensées meilleures, n'avons-nous pas admiré sa noble conduite et exalté la générosité de ses sentiments ?

D'où vient pourtant que la voix du passé s'unit à celle du présent pour condamner ici l'inconstance et la légèreté du cœur humain ? « Les amis, a dit Cicéron, ressemblent souvent aux hirondelles : elles arrivent aux beaux jours du printemps, mais elles disparaissent dès que le froid se fait sentir (1). » Et Ovide a dit de même : « Tant que vous serez heureux, vous compterez beaucoup d'amis ; si les nuages de l'adversité viennent assombrir votre vie, vous serez seul (2). » Ah ! c'est qu'aux yeux de la plupart des hommes, il est bien lourd et bien pénible le partage de

eniti et efficere ut amici jacentem animum excitet, inducatque in spem cogitationemque meliorem. *De Am.*, n. 58.

(1) *Ad Herenn.*, I, IV, 62.

(2) Donec eris felix multos numerabis amicos ;
Tempora si fuerint nubila solus eris.

I. Trist. *Eleg.* 8.

l'infortune! C'est par une bien rare exception que l'on descend jusqu'à lui. Sans doute, c'est dans l'infortune que l'on reconnait le véritable et fidèle ami; mais il n'en est pas moins vrai que les preuves les plus convaincantes de la faiblesse humaine sont le mépris dans le bonheur et l'abandon pour l'infortune. Aussi, lorsqu'un homme, malgré les vicissitudes du sort, s'est montré ferme, inébranlable en amitié, appelons-le un phénix; je dois dire plus: appelons-le un dieu (1).

La sainte Écriture, qui est le code de tous les nobles élans du cœur, ne cesse de prêcher cette fidélité inviolable que l'on doit à un ami éprouvé. « Le véritable ami, dit-elle, l'est en tout temps; dans le malheur, il devient un frère. N'aban-

(1) Quam graves, quam difficiles plerisque videntur calamitatum societates, ad quas non est facile inventu qui descendat! Quanquam Ennius recte : Amicus certus in re incerta cernitur : tamen hæc duo levitatis et infirmitatis plerosque convincunt, aut si in bonis rebus contemnunt, aut si in malis deserunt. Qui igitur utraque in re gravem, constantem stabilem se amicitia præstiterit, hunc et maxime raro hominum genere judicare debemus et pene divino. *De Am.*, n° 64.

donnez jamais votre ami à l'heure de l'infortune et de la tribulation; souvenez-vous de lui pendant vos jours prospères (1). »

Sans doute, il y a chaque jour dans le monde de ces nobles exemples de fidélité et de dévouement; mais à côté de ces traits sublimes que l'histoire pourrait enregistrer, que de tristes défaillances, que de honteuses trahisons ne découvre-t-on pas!

Nous n'avons vu encore que le côté humain du devoir. Au delà des intérêts du temps, le véritable ami entrevoit les intérêts éternels, et ce sont ces intérêts qu'il doit s'ingénier à gérer pour le bonheur de celui qu'il aime. C'est pourquoi, l'œuvre de l'amitié chrétienne est une œuvre éminemment spirituelle.

« Être ce qu'il doit être, disait Sylvio Pellico, est pour l'homme en même temps la définition

(1) Omni tempore diligit qui amicus est: et frater in angustiis comprobatur. *Prov.*, XVII, 17.

Fidem posside cum amico in paupertate illius... in tempore tribulationis illius permane illi fidelis. *Eccli.*, XXII, 28, 29. Non obliviscaris amici tui in animo tuo, et non immemor sis illius in opibus tuis. *Ibid.*, 6.

du devoir et celle du bonheur. La religion exprime cette vérité d'une manière sublime, en disant que l'homme est fait à l'image de Dieu. Son devoir et son bonheur consistent à réaliser cette ressemblance, à ne pas vouloir être autre chose, à vouloir être bon, parce que Dieu est bon et lui a donné pour destination de s'élever aux plus hautes vertus et de ne faire qu'un avec lui (1). »

Tel est le noble but auquel l'amitié chrétienne doit concourir, et c'est le côté divin du devoir dans l'amitié.

L'ami qui pour un ami borne son zèle au soin des choses de ce monde n'a pas dans son cœur la plénitude de la véritable amitié. Laisser vivre dans l'éloignement de Dieu un ami tendrement affectionné est donc une lâcheté indigne d'un chrétien, lâcheté d'autant plus coupable qu'un seul mot suffirait bien souvent pour ramener à Dieu le cœur égaré qui nous est cher.

A l'âge où les passions se font cruellement sentir, c'est au cœur surtout que visent les enne-

(1) *Devoirs des hommes*, ch. I.

mis du salut. Or c'est par le cœur que Dieu retient et protége ceux qu'enlace une sainte amitié.

« Je connais, dit un ami de la jeunesse, des amis qui, encore au collége, et alors que leur mutuelle affection s'épanouissait sous la double influence d'une tendre piété et d'un travail ardent, firent le pacte suivant : « Que si l'un d'eux donnait jamais dans le travers ou paraissait seulement en danger de se perdre, l'autre devrait s'attacher à ses pas, et, laissant de côté tout le reste, se dévouer avec un saint acharnement à sauver *animæ dimidium suæ.* Ce pacte, quand même il n'est pas exprimé, se trouve au fond de toute amitié vraiment chrétienne.

« Il faut n'avoir jamais réfléchi aux périls de tout genre qui entourent la jeunesse, n'avoir jamais gémi de ces crises si cruellement violentes qui semblent sur le point de transformer un jeune homme pieux en un impie ou un sceptique, pour ne pas apprécier la force incomparable que cette pauvre âme sur le point de périr, à demi perdue peut-être, va puiser dans le dévouement d'un ami chrétien. Il est un moment, en effet, dans la vie de bien des jeunes gens, où, pour entendre la vérité, pour en retrouver le goût au fond de son cœur, il suffirait de ne pas fermer volontairement les oreilles à tant de voix dont Dieu a fait auprès de nous comme les hérauts de la vérité. Mais le propre des passions, c'est justement de nous éloigner de ces voix précieuses, ou tout au moins de nous les rendre suspectes.

« Qui donc arrêtera les pas de ce jeune imprudent qui court au précipice? Sera-ce la voix de ses parents? Cette voix peut-être ne parlera pas, et s'ils parlent, ces parents, seront-ils écoutés? Sera-ce le dépositaire sacré de sa conscience? mais pour que sa parole ait quelque efficacité, il faut qu'on aille l'entendre souvent. Et ne sait-on point que celui qui se sent atteint d'un mal dont il ne veut pas guérir, ou du moins auquel il craindrait d'appliquer les remèdes énergiques que tient à sa disposition la courageuse amitié de son médecin, ne sait-on pas que ce malade insensé commence par ne point aller trouver l'homme de l'art?

« Reste la voix de sa conscience, voix infatigable, dit-on, et que le poids seul de longues infidélités réussit à faire taire. Sans doute, elle parle; mais l'écoutons-nous? Ne se fait-il pas en nous comme un dédoublement de nous-mêmes et ne sommes-nous point le théâtre d'une lutte entre ces deux hommes que Louis XIV connaissait si bien?

Ainsi, ce malheureux ferme l'oreille à ce qu'il y a de plus sacré au monde : voix de l'autorité paternelle ou maternelle; avis inspirés de son guide spirituel, cri de sa conscience. Il lui reste pourtant une ressource encore s'il a un ami. Un ami chrétien, c'est une seconde conscience, plus éclairée et plus incorruptible que la première. Au moment où celle-ci s'endort, l'autre la réveille par la douceur d'abord, puis par la violence et brutalement, s'il le faut. Craint-on de meurtrir jusqu'à la contusion et de fouetter jusqu'au sang le malheureux que le froid a saisi, et qui, tout à l'heure, sans ces énergiques moyens, serait engourdi du sommeil de la mort (1)? »

(1) Eug. de Margerie. *Lettres à un jeune homme sur la piété*, lettre XVII, *passim*.

Voilà le devoir du véritable ami chrétien! Que n'est-il plus connu, plus généralement pratiqué! Ce saint acharnement à retirer ce qu'on aime de la voie de perdition, empêcherait bien des dégradations morales et ferait refleurir bien des vertus languissantes. L'amitié ne deviendrait-elle pas ainsi un véritable apostolat?

CHAPITRE VI.

DU CHOIX DES AMIS.

Nécessité de bien choisir ses amis. — Dis-moi qui tu fréquentes, je te dirai qui tu es. — Conseils de l'expérience pour le choix d'un ami. — Qualités indispensables au véritable ami, pour le jeune homme, pour la jeune femme.— Un ami doit être chrétien, sage, prudent et discret. — Excès inévitables qui résultent de l'absence de ces qualités.

« L'amitié, dit saint François de Sales, demande une grande communication, sans laquelle elle ne pourrait ni naître ni subsister. Et comme cette communication est continuelle, on se fait bientôt confidence des secrets du cœur. Toutes les inclinations de l'un passent insensiblement à l'autre par une mutuelle impression et par une réciproque infusion de sentiments et d'affections. C'est ce qui arrive surtout quand l'amitié est fondée sur une grande estime; car l'amitié ouvre le cœur, et l'estime y laisse entrer tout ce qui se présente, bon ou mauvais. Les abeilles ne cherchent le miel que sur les fleurs, mais si celles-ci sont vénéneuses, elles en prennent aussi le venin : image de l'amitié qui reçoit insensiblement le mal avec le bien. Il faut donc bien pratiquer cette parole que le Fils de Dieu disait souvent, comme la tradition nous l'apprend : « Soyez de bons changeurs et de bons monnayeurs, » c'est-à-dire, ne recevez pas la mauvaise monnaie avec la bonne, ni le bon or avec le faux or ; séparez ce qui est précieux de ce qui est vil et méprisable.

« Saint Grégoire de Nazianze rapporte que plusieurs amis de saint Basile s'appliquèrent à l'imiter jusque dans ses défauts naturels et extérieurs, comme dans sa manière de marcher et même dans celle de porter la barbe. Nous voyons des maris, des femmes, des amis prendre aussi les imperfections les uns des autres, et les enfants, celles de leur père et de leur mère par une certaine imitation imperceptible, que l'estime ou la complaisance inspire. Or chacun a bien assez de ses mauvaises inclinations, sans se charger de celles des autres. Et non-seulement l'amitié n'exige rien de semblable, mais, au contraire, elle veut que nous nous aidions réciproquement à nous défaire de nos défauts.

Je dirai même que la marque assurée d'une fausse amitié est l'attachement à une personne vicieuse, car n'étant pas établie sur une vraie vertu, elle n'a pas de fondement solide. Dès que notre ami nous porte au mal, il devient notre ennemi et il mérite de perdre notre amitié, puisqu'il veut perdre notre âme (1).

« Avant de reconnaître quelqu'un pour vertueux, ajouterons-nous avec Sylvio Pellico, la seule possibilité qu'il ne le soit pas doit suffire pour nous maintenir avec lui dans les limites du décorum. Le don du cœur est une chose trop importante ; se hâter de le livrer est une coupable imprudence, c'est une indignité. Celui qui s'engage dans des compagnies perverses se pervertit, ou du moins fait rejaillir sur lui, à sa honte, l'infamie de ces sociétés (2). » Ainsi d'ailleurs parlent les saints livres (3), ainsi parle l'anti-

(1) *Intr. à la vie dévote*, IIIe partie, ch. XXIII.

(2) *Devoirs des hommes*, ch. XIII.

(3) Cum sancto sanctus eris, et cum viro innocente

quité (1), et c'est la pensée qu'exprime encore le vieux proverbe écho de l'expérience des siècles : « Dis-moi qui tu hantes, je te dirai qui tu es. »

Il vaut mieux manquer d'amis que d'avoir à se repentir d'un choix précipité. Si nous rencontrons sur le chemin de la vie un cœur sympathique qui s'ouvre à notre affection, éprouvons-le d'abord, comme dit l'Esprit-Saint, avant de nous confier à lui (2). Car, dirons-nous encore avec Cicéron, « il ne faut s'abandonner à l'amitié qu'après avoir éprouvé par quelque endroit le naturel de ses amis (3). » Il est infiniment

innocens eris, et cum electo electus eris, et cum perverso perverteris. *Ps.* XVII.

(1) Erumpunt sæpe vitia amicorum in ipsos amicos et alienos, quorum tamen ad amicos redundet infamia. *Loco citat. De Amic.*, n° 76.

(2) Si possides amicum, in tentatione posside illum et ne facile credas ei. *Eccli.*, VI, 7. — Sénèque, écrivant à son ami Lucilius (*Epist.* 3), dit de même : Elige, postea dilige, omnia cum amico delibera, sed de ipso prius.

(3) Est igitur prudentis sustinere, ut currum, sic impetum benevolentiæ; quo utamur quasi equis tentatis, sic amicitiis, aliquâ parte periclitatis moribus amicorum. *De Am.*, n. 63.

plus avantageux d'user ainsi de la plus grande circonspection, que de s'exposer à un commencement d'affection pour celui qui pourrait un jour mériter notre haine (1). Hâtons-nous donc lentement dans le choix d'un ami, et n'accordons notre amitié qu'à celui qui en est digne (2).

Pour cela, jugeons un homme avant de l'aimer, au lieu de l'aimer d'abord et de le juger ensuite. Car si, dans mille occasions, notre négligence nous est fatale, c'est surtout dans le choix et dans la conservation de nos amis. La raison vient alors nous éclairer, mais trop tard, et nous finissons par où il aurait fallu commencer (3).

(1) Illud potius præcipiendum fuit, ut eam diligentiam adhiberemus amicitiis comparandis, ut ne quando amare inciperemus eum quem aliquando odisse possemus. *De Am.*, n. 60.

(2) Una est cautio atque una provisio, ut ne nimis cito diligere incipiamus neve non dignos. *De Amic.*, n. 78.

Nous devons de la bienveillance à tous les hommes; mais nous ne devons porter cette bienveillance jusqu'à l'amitié, que pour des personnes telles que nous ayons lieu de les estimer. Silvio Pellico. *Devoirs des hommes*, ch. XIII.

(3) Quocirca (dicendum est enim sæpius) cum judicaveris, diligere oportet, non cum dilexeris, judicare. Nam

Sans doute, vouloir trouver une perfection imaginaire serait se condamner à une solitude perpétuelle. Car où trouver l'âme idéale que nous aurions rêvée? Rien n'est absolument plus difficile que de trouver en aucun genre l'absolue perfection (1). Il est donc évident que, dans l'amitié, il faut s'en tenir nécessairement à un certain minimum de qualités, en-dessous desquelles toute union devient impossible.

Comme c'est surtout au printemps de la vie que le cœur s'épanouit plus facilement aux rayons de l'amitié et qu'il est plus susceptible d'en ressentir les diverses influences, nous allons consulter l'expérience pour nous adresser plus particulièrement au cœur du jeune homme et au cœur de la jeune femme.

Qu'un ami, avant tout, soit chrétien; c'est

cum multis in rebus negligentia plectimur, tum maxime in amicis deligendis : praeposteris enim utimur consiliis et acta agimus, quod vetamur veteri proverbio... quo etiam magis vituperanda est rei maxime necessariæ tanta incuria. *De Am.*, n. 85.

(1) Omnia praeclara rara, nec quicquam difficilius quam reperire quod sit omni ex parte in suo genere perfectum. *De Am.*, n. 79.

une condition qu'aucune autre ne supplée et qui, elle, supplée à toutes les autres.

Le cœur de l'homme est doué d'une activité telle qu'il ne saurait rester oisif. Il lui faut un objet de prédilection vers lequel convergent, comme vers un centre, toutes ses opérations. Toutefois, la faiblesse de la nature est telle, que si une force puissante ne maintient pas son affection dans les justes limites du devoir, il s'égarera vite et trouvera une occasion de ruine là où il aurait dû trouver son bonheur. La religion doit donc brider toute amitié comme un coursier fougueux qu'il faut tenir en laisse. Et alors cette union sainte et sacrée sera comme le bon arbre de l'Évangile dont les fruits sont suaves et doux (1). Autrement, l'amitié ne sera que la réalisation de cette parole tombée des lèvres de Jésus-Christ même : « Qui n'est pas avec moi est contre moi (2). » Et voilà pourquoi nous voyons autour de nous tant d'existences, jeunes encore, flétries comme des fleurs desséchées. Voilà pourquoi

(1) Omnis arbor bona bonos fructus facit; mala autem arbor malos fructus facit. Matth., VII, 17.

(2) Qui non est mecum contra me est. Matth., XII, 30.

nous voyons tant de cœurs, après avoir été un instant les sanctuaires de la vertu, devenir les siéges de pestilence dont parle le Prophète royal (1).

Pour se conserver saine et pure, l'amitié a donc besoin d'un condiment puissant. N'est-ce pas Bacon qui a dit quelque part que l'aromate qui empêche la science de se corrompre, c'est le religion? L'on peut, et à juste titre, en dire autant de la piété par rapport à l'amitié. Autrement l'amitié se corrompra vite : or le propre de la corruption, c'est de corrompre. *Corruptio optimi, pessima*, a dit Tacite. Rien de plus vrai en matière d'amitié.

Que de malheureuses victimes du vice seraient devenues des vases d'élection, si elles avaient rencontré sur le chemin de la vie la douce figure d'un ami pieux et profondément chrétien!

« Le cœur de la femme, a dit gracieusement un auteur, est un abîme d'amour; car il peut suffire à toutes les affections les plus diverses de leur nature. Dès qu'un objet y tombe, il y est

(1) Ps. I.

soudain enveloppé d'amour et de tendresse. Ce cœur sait s'élever vers ce qui est plus haut que lui pour l'admirer et le vénérer, se pencher vers ce qui est près de lui pour l'aimer et le chérir, et s'incliner vers ce qui est plus bas pour l'appuyer et le soutenir. Elle a un sourire pour toutes les joies, une larme pour toutes les douleurs, une consolation pour toutes les misères, une excuse pour toutes les fautes, une prière pour toutes les infortunes, un encouragement pour toutes les espérances. Son cœur rend toujours un son sous la main de celui qui le frappe et s'ouvre facilement aux aveux qui sollicitent sa confiance (1). »

Mais cette extrême délicatesse et cette exquise sensibilité sont bien souvent un écueil pour sa vertu.

Si un jour, au foyer domestique, cette âme ardente ne trouve qu'une affection partielle ou douteuse; si elle découvre de l'indifférence, de la froideur, du mépris même, là où elle n'avait cru trouver d'abord que le plus sin-

(1) Ch. Sainte-Foi. *Heures sérieuses d'une jeune femme*, ch. xx.

cère abandon, que la plus franche et la plus affectueuse tendresse, à quel découragement profond, à quel dépit secret peut-être ne se livrera-t-elle pas tout entière! Oh! qu'alors une amie sera d'un puissant besoin! Aussi la cherchera-t-elle afin de pouvoir librement épancher dans son sein l'excès de ses peines et de ses douleurs... Mais malheur, malheur à elle, si elle choisit un cœur sans piété, sans religion, sans convictions profondément chrétiennes!

Au lieu d'étancher la plaie de cette âme meurtrie, au lieu de la consoler, de la fortifier, ce cœur frivole et mondain, où n'habite pas la crainte de Dieu, lui conseillera peut-être les plus tristes compensations aux infidélités d'un époux. S'il reste dans cette âme souffrante quelque ombre de scrupule, il s'en rira, et tôt ou tard, enfin, il justifiera les plus honteuses faiblesses!.....

Une femme chrétienne, au contraire, saura, par des conseils que lui inspirera la plus pure charité, verser le baume de la consolation dans ce cœur souffrant, relever avec bonté l'âme coupable même, lui rendre le sentiment de sa propre dignité et la prémunir contre mille écueils. Tant est vraie cette parole d'un philosophe chrétien : « Pour enseigner la vertu il n'y a qu'un moyen, c'est d'enseigner la piété. » Et, en effet, toute vertu, comme toute force morale, s'épuise et succombe vite si l'énergie de la religion ne vient la soutenir.

Le secret de tant de fausses vertus dans le monde, aussi bien que de tant de fausses amitiés, c'est l'absence de religion.

Il faut, en second lieu, qu'un ami soit prudent; car la prudence, en raison de ses effets, est une des vertus les plus indispensables et en même temps les plus conformes à l'amitié. Si le principe de la sagesse est la crainte du Seigneur, comme nous venons de le voir, la prudence est la science des saints (1). Ainsi le déclare le sage inspiré de Dieu. Sans elle, l'homme ne sait pas tenir le juste milieu qu'il doit toujours garder à travers les écueils qui bordent le chemin de la vie; et ces écueils sont d'autant plus perfides, qu'ils sont presque toujours recouverts de mille fleurs. Or, prévenir le danger que dissimulent

(1) Principium sapientiæ timor Domini : et scientia sanctorum prudentia. Prov. IX, 10.

ces charmes séducteurs, savoir retirer de la voie périlleuse le cœur qui s'y est étourdiment engagé, tel est le fait de la prudence.

Il est une heure dans la vie du jeune homme où l'âme est dévorée de la soif de l'inconnu. Ce cœur ardent cherche alors avec une sorte de frénésie une source quelconque qui puisse le désaltérer. Malheur à lui, si la prudence tutélaire d'un ami éclairé ne l'éloigne des sources empoisonnées du vice! Dans son inexpérience, il ira, hélas! tremper bien vite ses lèvres à la coupe des plaisirs..., et il succombera à l'ivresse qui viendra paralyser en lui la voix de la raison. Et bientôt ses yeux s'ouvriront à la vérité, et son cœur sera rempli de honte et de regrets!

Il arrive parfois, lorsqu'un cœur s'est ainsi égaré, qu'il est tombé, qu'il s'est meurtri, il arrive parfois qu'il se prend à rêver à ses faiblesses et à gémir de ses défaillances. A cette heure où l'illusion disparaît, où la réalité des choses se montre sans voile à ses regards attristés, l'âme se replie en quelque sorte sur elle-même, et elle pleure, parce qu'elle voit bien que ce que le plaisir lui promettait n'est plus qu'une fleur qui s'est flétrie entre ses mains. C'est là l'étincelle endormie sous la cendre, et la mèche qui fume encore (1). Ce cœur brisé n'a plus la force, par lui-même, de remonter à la surface de l'abîme : il est dévoré de remords, il voudrait les étouffer; mais, hélas ! la faiblesse de la nature est si grande qu'il ne fait qu'activer, au contraire, leur puissance et leur fureur, en donnant chaque jour, peut-être, une nouvelle proie à ses passions. Et il se traîne misérablement dans la fange de mille iniquités, sans connaître la voie où se dirigent ses pas chancelants. Aveuglement fatal !... Ah ! si sur cette route funeste il trouvait encore le cœur d'un sage et prudent ami ! Mais, hélas ! il n'y rencontre et n'y peut rencontrer que de faux frères aveuglés comme lui. Or, si un aveugle en veut conduire un autre, ne tomberont-ils pas tous deux dans la fosse? comme a dit Jésus-Christ (2). Ainsi, au lieu de lui prêter une main secourable, ils précipitent sa ruine.

(1) Arundinem quassatam non confringet, et linum fumigans non extinguet. Matth., XII, 20.

(2) Cæcus autem si cæco ducatum præstat, ambo in foveam cadunt. Matth., XV, 14.

Et il vient un jour où la voix de la conscience ne parle plus. Et ainsi s'écoule dans l'iniquité, peut-être aussi dans l'oisiveté et la paresse, la plus grande partie de son existence, peut-être même sa vie tout entière : vie inutile à la société, vide de mérite devant Dieu et souillée de mille turpitudes secrètes. Et voilà pourtant ce que la sagesse d'un prudent ami eût pu empêcher !

N'est-ce pas là l'histoire de bien des hommes... l'histoire de bien des jeunes femmes ?...

Le cœur de la femme, en raison de son extrême délicatesse, de son exquise sensibilité, doit être entouré de la plus scrupuleuse circonspection. C'est une fleur que le moindre souffle peut si vite décharmer et flétrir ! Le moindre contact immonde peut si vite ternir l'éclat de son innocence et de sa simplicité ! Que la sagesse d'une amie chrétienne soit donc comme une sentinelle vigilante qui s'oppose au principe du mal ! Il y a tant d'épines sur le sentier de la vie qui meurtrissent le pauvre cœur et dont la piqûre glisse un venin mortel ! L'épine, c'est une entrevue qui captive, c'est un livre qui flatte les passions, c'est une feuille frivole qui exalte l'imagination au détriment de la raison; souvent c'est encore je ne sais quel instinct secret qui se réveille à la vue d'un objet aimé; c'en est assez pour bouleverser une âme et faire sombrer sa vertu pour jamais peut-être!

Amour, amour, quand tu nous tiens,
On peut bien dire: adieu prudence!... (1).

Puissent nos amitiés ne dégénérer jamais en semblables amours et ne réaliser jamais ce triste mot du poëte!

Enfin, il faut qu'un ami soit discret.

La discrétion est une vertu que l'on pourrait appeler la perfection humaine; car elle ne se rencontre jamais qu'avec une raison droite, un jugement sain et un tact exquis. Les anciens en avaient fait une divinité. Sa statue, dont les lèvres étaient scellées, s'élevait dans le temple de la Joie: gracieux symbole du résultat de cette vertu. Ainsi en doit-il être de l'ami fidèle.

L'on a dit que l'homme était plus fidèle au secret d'autrui qu'au sien, et l'on a dit, au contraire, qu'une femme sait mieux garder le sien que celui des autres. Or la discrétion consiste à réunir la

(1) La Fontaine. Livre IV, fab. I.

vertu de l'un et de l'autre; on pourrait donc la définir : la science de savoir se taire (1).

En amitié surtout, elle ne doit jamais se démentir et se montrer toujours égale. Celui qui dévoile les secrets de l'amitié, a dit l'Esprit-Saint, est un traître qui ne trouvera jamais d'amis selon son cœur (2).

Avant donc de déverser notre âme dans le cœur d'un ami, assurons-nous de sa discrétion, afin d'éviter les funestes conséquences qui pourraient résulter de son indiscrétion. L'indiscrétion divise et rend ennemis des cœurs faits pour s'aimer. Que de haines, que de dissensions, que de discordes n'enfante-t-elle pas, partout où elle se montre! Ajoutons que les maux qu'elle cause sont souvent irréparables.

Il y avait autrefois dans les grandes cités athéniennes un certain nombre de petites statues dont l'extérieur, d'un travail généralement imparfait, attirait peu les regards, mais dont l'intérieur

(1) *Les petites Vertus et les petits Défauts*, ch. v., *passim.*

(2) Qui denudat arcana amici fidem perdit, et non inveniet amicum ad animum suum. Eccli., XXVII, 17.

charmait les yeux par les prodiges d'art qu'elles renfermaient. Figures d'une beauté ravissante, objets sacrés éclatants d'or, d'argent et de pierreries, bijoux travaillés avec un rare talent en l'honneur des dieux , tels étaient les mille trésors que recélaient ces écrins mystérieux (1). Tel doit être le cœur d'un ami. Il doit conserver comme un dépôt sacré tout ce qui lui est confié : Dieu seul doit y contempler ce que l'amitié y dépose : la discrétion en doit toujours sceller fidèlement l'entrée.

Ainsi la piété, la prudence, la discrétion, voilà la triple condition nécessaire à l'amitié pour qu'elle soit durable et féconde en fruits de grâce, de salut et de bénédiction. On peut donc dire de cette amitié ce que Salomon disait de la sagesse : « Elle est la mère de tous les biens (2). » Puissiez-vous, ô cœurs jeunes encore, n'en contracter jamais que de semblables ! Vos jours s'écouleront pleins de paix et de douceur, et

(1) Platon. In convivio. On sait qu'Alcibiade comparait Socrate à ces statues merveilleuses connues sous le nom de Silènes.

(2) Sapient., cap. VII.

quand vous en aurez goûté les charmes, vous pourrez dire, comme le roi-prophète : « J'ai aimé la justice et haï l'iniquité, c'est pourquoi le Seigneur a répandu sur ma vie le baume d'une amitié sainte, de préférence à tous ceux qui m'entouraient dans la vie (1) ! »

(1) Dilexisti justitiam et odisti iniquitatem, propterea unxit te Deus, Deus tuus, oleo justitiæ, præ consortibus tuis. Ps. LXIV.

CHAPITRE VII.

LES FAUSSES AMITIÉS.

Le bon grain et l'ivraie dans le champ de l'amitié. — L'égoïsme. — Ses caractères généraux et particuliers. — Incompatibilité de l'égoïsme avec l'amitié. — L'ambition, l'intérêt, les passions politiques. — Leurs rôles antipathiques à l'amitié. — L'amitié sensuelle. — Origine et conséquences. — L'impiété dans l'amitié.

Jésus-Christ proposait un jour cette parabole à la foule qui était venue pour entendre sa parole :

« Un homme avait semé du bon grain dans son champ. Or, pendant que tout le monde dormait, son ennemi vint, sema de l'ivraie parmi le froment, et se retira. Le blé donc, ayant crû et étant monté en épi, l'on vit paraître l'ivraie. Et les serviteurs du père de famille lui dirent : Maître, n'avez-vous pas semé du bon grand dans votre champ ? D'où vient qu'il est rempli d'ivraie ?

Celui-ci leur répondit : C'est mon ennemi qui l'y a semée. Et ils reprirent : Voulez-vous que nous allions l'arracher? Et il dit : Non, n'y allez pas, de peur qu'en arrachant l'ivraie, vous ne déraciniez aussi le bon grain. Laissez croître l'un et l'autre jusqu'au temps de la moisson. Je dirai alors aux moissonneurs : Rassemblez d'abord l'ivraie; liez-la en bottes pour la mettre au feu; quant au froment, portez-le dans mon grenier (1). »

Cette parabole, qui représente la justice sur la terre à côté de l'iniquité et le terme final qui les attend, représente aussi admirablement le règne de la véritable et de la fausse amitié parmi les hommes. Ce champ du père de famille, c'est l'humanité. Jésus-Christ est le père de famille et il a dit : « Aimez-vous les uns les autres comme je vous ai aimés; mais l'ennemi de tout bien est survenu; il a semé l'ivraie des amitiés fausses et perfides en soulevant les passions. Le monde a été infecté de cette semence pernicieuse et fatale. Et ainsi, la bonne et la mauvaise

(1) Matth. XIII, 24 et seq.

semence de l'amitié croissent l'une à côté de l'autre; ce n'est qu'à leurs fruits qu'on peut les reconnaître.

Or, si la bonne semence de l'amitié est, comme nous l'avons déjà vu, le désintéressement, le dévouement, l'amour pratique du bien, la piété; l'ivraie de l'amitié, c'est l'égoïsme, l'ambition, l'intérêt, l'affection frivole et sensuelle, et l'impiété ou le mépris de Dieu.

L'égoïsme est le propre d'une âme vile, rampante, incapable d'élévation et de grandeur. Sacrifier tout à soi, en tout ne voir jamais que soi, rapporter tout à soi, voilà l'égoïste. Pourrait-on demander à ce cœur une douce expansion qui le dilate et en montre les replis les plus cachés? Mais la duplicité et l'orgueil l'aveuglent terriblement. C'est donc une terre ingrate et stérile pour l'amitié que le cœur de l'égoïste. L'amitié aime le sacrifice; elle doit faire disparaître le moi et fusionner les deux vies de telle sorte qu'elles coulent ensemble à plein bord, comme un fleuve majestueux.

Si la franche amitié ne doit pas compter avec un ami, quand il s'agit d'efforts, de zèle ou de services, l'égoïsme, au contraire, sait faire valoir ses moindres empressements ; il fait même entendre à l'occasion ses plaintes et ses reproches, comme dit Cicéron, surtout s'il a à citer un bon office, une preuve d'attachement qui lui ait coûté quelque peine, marque assurée d'une affection méprisable et fausse. Aussi, ajoutait-il, loin de nous cette race odieuse qui nous reproche un service ! C'est à celui qui l'a reçu de s'en souvenir, non à celui qui l'a rendu de le rappeler (1).

C'est donc par les services reçus, par les preuves de zèle, par le pouvoir de l'habitude que se fortifie l'attachement. Par conséquent, rien ne l'affadit ou ne le brise plus promptement que de revendiquer le mérite de tout ce qu'on a pu faire pour obliger un ami (2).

(1) Plerique aut queruntur semper aliquid aut etiam exprobrant; eoque magis, si aliquid habere se putant quod officiose et amice et cum labore aliquo suo factum queant dicere. Odiosum sane genus hominum officia exprobrantium : quæ meminisse debet is in quem collata sunt, non commemorare qui contulit. *De Am.*, n. 71.

(2) Confirmatur amor et beneficio accepto et studio perspecto et consuetudine adjuncta. *De Am.*, n. 29.

Dans le choix ou la conservation de nos amis, l'égoïsme joue souvent, à notre insu peut-être, un rôle aussi injuste que pernicieux dans ses conséquences.

Par une injustice, j'ai presque dit par une impudence trop ordinaire, on veut des amis tels qu'on ne saurait être soi-même, et l'on exige d'eux ce que l'on ne ferait pas en leur faveur (1). Ce mot dit tout. Souvent, en effet, on se montre envers un ami d'une exigence déraisonnable et d'une susceptibilité étrange. On se croit en droit de contrôler ses actes avec une sévérité aussi injuste que contraire à la nature de la véritable amitié. Car le véritable ami ne doit concevoir à l'égard de son ami que des sentiments marqués au coin de la plus bienveillante indulgence et de la plus fraternelle charité. S'affranchir de cette loi, c'est tomber dans les exagérations naturelles à l'égoïsme.

L'ambition et l'intérêt suivent de près l'égoïsme.

(1) Sed plerique perverse, ne dicam impudenter, amicum habere talem volunt, quales ipsi esse non possunt; quæque ipsi non tribuunt amicis, hæc ab iis desiderant. *De Am.*, n. 82.

Point de fléau plus funeste à l'amitié, a dit encore le philosophe, que la soif de l'or chez le commun des hommes, et, dans les âmes élevées, la rivalité de l'ambition et de la gloire, source trop souvent féconde de haines implacables au sein des affections les plus vives (1). Et en voici la cause. La plupart des hommes, dit-il, n'attachent de prix en ce monde qu'à ce qui est avantageux, et en fait d'amis comme en fait de bestiaux, ils préfèrent toujours ceux dont ils espèrent trouver le plus de profit (2). Mais ce sont des amitiés d'un jour que celles où l'intérêt peut trouver son compte.

(1) Quod si qui longius in amicitia provecti essent, tamen sæpe labefactari, si in honoris contentionem incidissent : pestem enim majorem esse nullam amicitiis, quam in plerisque pecuniæ cupiditatem, in optimis quibusque honoris certamen et gloriæ : ex quo inimicitias maximas sæpe inter amicissimos exstitisse. *De Am.*, n. 34.

(2) Sed plerique, neque in rebus humanis quidquam bonum norunt, nisi quod fructuosum sit, et amicos tanquam pecudes eos potissimum diligunt, ex quibus sperant se maximum fructum esse capturos. *Ibid.*, n. 79.

Ovide a dit de même :

Turpe quidem dictu; sed si modo vera fatemur
Vulgus amicitias utilitate probat.

(Ovid. *de Ponto*,. Eleg. 3.)

On pourra bien les cultiver, les entretenir quelque temps, sous le masque d'une vraie, d'une sincère, d'une profonde amitié ; mais le masque tombera vite en dépit même de mille protestations de fidélité, et la triste réalité apparaîtra. L'amitié véritable, au contraire, ne connaît ni déguisement ni feinte : tout en elle est vrai, tout part du cœur (1).

Faire naître l'amitié de l'intérêt, c'est en briser le nœud le plus aimable ; car les avantages que nous procure un ami sont moins précieux que son affection même, et ce qu'il fait pour nous n'a de charme à nos yeux que s'il le fait par attachement (2).

(1) Nam utilitates quidem etiam ab iis percipiuntur. Sæpe qui simulatione amicitiæ coluntur et observantur causa temporis : in amicitia autem, nihil fictum, nihil simulatum, et quidquid in ea est, id et verum et voluntarium. *De Am.*, n. 26.

(2) Atque etiam mihi quidem videntur qui utilitatis causa fingunt amicitias, amabilissimum nodum amicitiæ tollere. Non enim tam utilitas parta per amicum quam amici amor ipse delectat, tumque illud fit quod amico est profectum, jucundum, si cum studio est profectum. *Ibid.*, n. 51.

D'ailleurs, lorsqu'on est libéral et généreux, ce n'est pas pour imposer la gratitude; car nous ne faisons pas l'usure des bienfaits. Nous suivons seulement un penchant naturel à la bienfaisance: ainsi, dans l'amitié, ce n'est pas le calcul de l'intérêt, mais le bonheur même d'un sentiment si doux qui doit nous porter à la rechercher (1).

L'amitié inspirée ou guidée par l'intérêt trahit bien vite ses véritables sentiments. Souvent, en fait d'amis, un peu d'argent nous découvre l'instabilité des uns; les autres ont été insensibles à une petite quantité d'or, ils se trahissent pour une grande (2). «Si vous voulez, dit un vieil adage, vous brouiller avec vos amis, prêtez-leur de l'argent. » Et, en effet, les relations de débiteurs à créanciers, selon le cours habituel des

(1) Ut enim benefici liberalesque sumus, non ut exigamus gratiam, neque enim beneficium feneramur, sed natura propensi ad liberalitatem sumus : sic amicitiam, non spe mercedis adducti, sed quod omnis ejus fructus in ipso amore inest, expectandam putamus. *De Am.*, n° 31.

(2) Quidam sæpe in parva pecunia perspiciuntur quam sint leves; quidam quos parva movere non potuit, cognoscuntur in magna. *Ibid.*, n. 63.

choses et la force moyenne des amitiés, risquent fort de refroidir cette intimité tendre qui suppose toujours une parfaite égalité de droits et de devoirs (1).

Grâce à Dieu, il est encore des hommes qui regardent comme une honte de préférer l'intérêt à l'amitié ; mais en rencontre-t-on beaucoup qui lui sacrifient les honneurs, les magistratures, les commandements, la puissance, le crédit? Quand ils voient d'un côté ces objets de leur ambition, de l'autre les droits de l'amitié, leur choix est-il douteux? La nature est trop faible pour résister aux séductions du pouvoir, et lorsqu'on y arrive au préjudice même de l'amitié, l'on croit assez pallier sa faute en objectant le motif impérieux qui a fait oublier des amis (2). Aussi, il est bien difficile de trouver la

(1). Eug. de Margerie. *Loco cit.* Lettre XVIII.

Noli prævaricari in amicum pecuniam differentem, neque fratrem charissimum auro spreveris. Eccli., VII, 20.

(2) Sin vero erunt aliqui reperti qui pecuniam præferre amicitiæ sordidum existiment, ubi eos inveniemus qui honores, magistratus, imperia, potestates, opes amicitiæ anteponant? Ut, quum ex altera parte proposita hæc sint, ex altera jus amicitiæ, non multo illa malint? Imbe-

véritable amitié parmi ceux qui aspirent aux honneurs et aux emplois publics; car l'on en rencontre bien peu qui préfèrent l'élévation de leurs amis à leur propre grandeur (1).

D'autre part, les passions politiques sont encore un obstacle souvent insurmontable. C'est un courant auquel on ne saurait résister, il brise tout sur son passage, il brise surtout les liens de l'amitié, parce que l'ambition ne sait jamais dire : c'est assez (2)!

Il en était sur ce point, du temps de Cicéron, comme de nos jours. Voilà pourquoi en songeant aux conséquences de ces tristes conjectures, si funestes pour l'amitié, il s'écriait : « Si les goûts, si les caractères, si les convictions viennent à changer, comme il arrive habituellement; si

cilla enim illa natura est ad contemnendam potentiam : quam etiam si neglecta amicitia consecuti sunt, obscuratum iri arbitrantur, quia non sine magna causa sit neglecta amicitia. *De Am.*, n. 63.

(1) Itaque veræ amicitiæ difficillime reperiuntur in iis qui in honoribus reque publica versantur. Ubi enim istum invenias qui honorem amici anteponat suo? *Ibid.*, n. 64.

(2) *Idem.* Vel ut de republica..., n. 33.

l'on se divise en embrassant des partis contraires dans l'administration de l'État, oh! de grâce, que ce soit seulement une amitié qui finisse et non point une haine qui commence! Car est-il rien de plus affreux que d'être en guerre avec celui qui a vécu dans notre intimité (1)? »

Quand il se présente à notre admiration un de ces nobles exemples d'abnégation où les droits de l'amitié sont placés au-dessus de tout, nous les exaltons comme des traits d'héroïsme : preuve évidente que, par nature, nous aimons tout ce qu'il y a de grand et de beau dans l'amitié, de même que nous sommes portés irrésistiblement à flétrir la bassesse et la lâcheté qui peuvent s'y montrer.

Si l'égoïsme, l'intérêt, l'ambition ferment le cœur, le matérialisent et le rendent insensible à l'amitié, le sensualisme l'énerve et lui ôte toute

(1) Sin autem morum aut studiorum commutatio quædam, ut fieri solet, facta fuerit, aut reipublicæ partibus dissensus intercesserit... cavendum erit ne non solum amicitiæ depositæ, sed inimicitiæ etiam susceptæ videantur. Nihil enim turpius quam cum eo bellum gerere cui cum familiariter vixeris. *De Am.*, n. 77.

virilité, non-seulement en ce qui concerne l'amitié, mais encore et surtout en ce qui concerne la vertu. Ici, nous n'interrogeons point la philosophie païenne, elle serait incapable de nous répondre avec autorité. Écoutons l'expérience de la sainteté.

« Savez-vous, disait saint François de Sales, à quoi ressemblent les amitiés sensuelles ? Il y a près d'Héraclée, ville du royaume de Pont, une sorte de miel qui est un poison dangereux. Ceux qui en mangent deviennent insensés, parce que les abeilles vont le recueillir sur l'aconit, abondant en ce pays-là. Et c'est un symbole de cette fausse et mauvais eamitié qui est fondée sur la communication des biens faux et favorables au vice.

« Or cette amitié, fondée sur la communication des plaisirs sensuels ou sur des perfections vaines et frivoles, ne mérite pas le nom d'amitié. J'entends par plaisirs sensuels ceux qui sont immédiatement et principalement attachés aux sens extérieurs. Ce sont ordinairement les amitiés des jeunes gens qui se laissent enchanter par un extérieur agréable, par une conversation enjouée, par une certaine bonne grâce encore plus affectée que naturelle; amitiés dignes de l'âge où il n'y a encore de vertu qu'en herbe et de jugement qu'en bouton. Aussi de telles amitiés ne sont que passagères et fondent comme la neige au soleil (1). »

« Quand ces amitiés vaines, dit encore le saint docteur, s'établissent entre personnes de différent sexe, sans aucune vue de mariage, elles ne méritent plus le nom d'amitié. Les cœurs de ces personnes s'y trouvent engagés et comme enchaînés par de vaines et folles affections qui ne sont fondées que sur ces frivoles communications et sur ces misérables agréments dont j'ai parlé. Et bien que ces affections dégénèrent en excès déplorables, ce n'est pas néanmoins la première intention que l'on ait eue. Il se passera même quelquefois plusieurs années sans que les personnes frappées de cette folie fassent rien qui soit formellement et directement contraire à la vertu.

« Or, je le répète, toutes ces amitiés sont mauvaises, folles et vaines. Mauvaises, parce

(1) *Introduction à la vie dévote*, IIIe partie, ch. XVII.

qu'elles se terminent presque toujours par les plus grandes faiblesses; folles, parce qu'elles n'ont ni fondement ni raison; vaines, parce qu'il n'en revient ni utilité, ni honneur, ni bonheur; au contraire, on y perd son temps, on y expose son honneur, et l'on n'en reçoit point d'autre plaisir que celui d'un vif empressement à prétendre et à espérer, sans savoir ce qu'on prétend ni ce qu'on espère.

« Le noyer nuit beaucoup aux champs et aux vignes, parce que, étant fort gros et fort grand, il absorbe tout le suc de la terre, les prive de l'air et de la chaleur du soleil par son feuillage extrêmement étendu et touffu, et attire encore les passants, qui, pour avoir de son fruit, y font un grand dégât : c'est le symbole des amitiés sensuelles. Elles occupent tellement une âme et épuisent tellement ses forces, qu'il ne lui en reste presque plus pour la pratique de la vertu. Elles offusquent entièrement la raison par tant de réflexions, d'imaginations, d'entretiens, qu'elle n'a presque plus d'attention ni pour ses propres lumières, ni pour celles du ciel. Elles attirent tant de tentations, d'inquiétudes, de soupçons, que le cœur en souffre un dommage incroyable. En un mot, elles bannissent non-seulement l'amour céleste, mais encore la crainte de Dieu. Elles énervent l'esprit, elles flétrissent souvent la réputation, elles font le divertissement du monde, elles sont la peste des cœurs (1). »

Tenons-nous en à ce tableau tracé de main de maître : Y ajouter le moindre mot serait une superfétation. Il est l'expression de la plus exacte vérité, l'expérience de chaque jour ne le prouve malheureusement que trop !

Parlons maintenant des funestes conséquences de l'impiété ou du mépris de Dieu dans l'amitié.

Les lois morales, les lois de la conscience ont leur sanction en Dieu. Quand Dieu ne préside pas aux sentiments du cœur, la raison seule ne saurait être assez forte, assez puissante pour maintenir l'homme dans le sentier si difficile du devoir. Le jugement s'obscurcit et dévie alors infailliblement en ce qui concerne la voie qu'il doit suivre, car c'est le propre de la faiblesse

(1) Saint François de Sales. *Introd. à la vie dévote. Ibid*,, IIIe partie, ch. XVIII.

humaine de modifier ses opinions, ses convictions même, au gré de ses passions. Et c'est précisément ce qui arrive dans l'amitié que Dieu ne règle pas. Les sentiments passant d'un cœur dans l'autre, on embrasse bien vite ceux d'un ami, et l'on agit ensuite conformément à ces sentiments. Le paganisme avait bien compris que l'on ne pouvait aboutir qu'aux plus grands égarements en suivant cette pente fatale, voilà pourquoi ce mot est devenu célèbre : Il faut aimer et secourir ses amis, mais jusqu'aux autels (1) ; c'est le terme qu'il ne faut jamais outre-passer.

Si surtout, ce qui arrive généralement, l'amitié dégénère en amour et en amour passionné, à quels lamentables résultats n'arrive-t-on pas ! La triste vieillesse de Salomon en est une preuve mémorable. Cet homme, que Dieu avait favorisé de tant de lumières, de tant de sagesse, qu'il avait inspiré dans la composition de ses savants écrits ; cet homme si pieux enfin au début de sa carrière, finit misérablement ses jours au milieu

(1) Opitulandum amicis, sed usque ad deos. A. Gell., l., I., c. 3. C'était aussi le mot de François Ier : « Amis jusqu'aux autels. » Voyez aussi Cic. *De Off.*, III, 43.

des plus honteux excès, parce qu'il avait aimé des femmes idolâtres et perverses dont il avait épousé les convictions insensées. Qui donc se croirait plus fort que Salomon?

Aussi dans l'Écriture trouvons-nous un oracle terrible que Dieu, sur ce sujet, avait proclamé pour son peuple. « Si votre ami, que vous aimez comme votre âme, veut vous persuader et vient vous dire en secret : allons et servons des dieux étrangers, ne vous rendez point à ses sollicitations, ne l'écoutez point. Ne soyez point touché de compassion sur son sujet, ne l'épargnez point et ne tenez point secret ce qu'il vous a dit. Déclarez-le bien haut pour qu'il soit puni de mort. Jetez-lui la première pierre!... Son crime ne mérite aucun pardon, parce qu'il a voulu vous détourner du Seigneur votre Dieu (1). »

(1) Si tibi voluerit persuadere amicus quem diligis ut animam tuam, clam dicens : Eamus et serviamus diis alienis... non acquiescas ei, nec audias, neque parcat ei oculus tuus ut miserearis et occultes eum, sed statim interficies : sit primum manus tua super eum, et postea omnis populus mittat manum : lapidibus obrutus necabitur, quia voluit te abstrahere a Domino. Deut., ch. XIII, 6. et seq.

Nous sommes presque surpris d'une sévérité si éclatante; mais la raison comprend sans peine, en y réfléchissant sérieusement, que le châtiment n'est pas encore à la hauteur du crime. D'ailleurs, avec un peuple grossier, Dieu avait besoin d'en user ainsi pour conserver au milieu de lui les saintes lumières de la révélation.

Si Dieu n'a pas voulu qu'une loi si rigoureuse subsistât au milieu de nous, nous n'en sommes pas meilleurs. Car il faut bien en convenir, la plus grande plaie de notre époque, la source de tous nos malheurs, c'est assurément cet entraînement loin de Dieu. Toutefois, comparativement au peuple choisi, la justice divine a son cours d'une autre manière : il faut être bien aveugle pour ne pas le reconnaître! Ah! si l'impiété cause tant de maux, que de biens ne peut pas produire, au contraire, l'amitié sainte! L'impiété est la mère de toutes les révolutions sanglantes, de toutes les guerres fratricides, de tous les attentats contre la justice et l'ordre. La charité chrétienne, au contraire, est la mère de la paix, de la concorde et de l'union. « Qu'ils soient un, comme nous sommes un, » disait Jésus-Christ.

Voilà ce que l'amitié chrétienne peut seule réaliser.

Nous donc qui voulons être sincèrement chrétiens et par conséquent bons, honnêtes, justes envers tous, nous devons favoriser ces saintes ligues, dont le but est de contrebalancer l'influence des amitiés sans Dieu. Veiller sur ceux que nous aimons pour les maintenir par nos conseils, par nos exemples surtout, dans le chemin de la vertu, tel est notre devoir (1). Et c'est ainsi que le champ du Père de famille redeviendra fécond !

(1) L'on a dit avec raison que les cercles religieux sont de véritables pépinières d'amitiés chrétiennes. Nous devons les signaler ici en passant comme le moyen le plus puissant pour sauvegarder le cœur et la vertu du jeune homme.

CHAPITRE VIII.

ÉPREUVES ET TRIBULATIONS DE L'AMITIÉ.

Le creuset de l'amitié. — La plus grande des épreuves. — L'absence. Les ennuis de l'absence. — Le doute. — L'oubli. — Les déceptions : rebut et mépris, mal et remède. — La jalousie : deux sortes de jalousie. — Les peines et tribulations sont inévitables à tout cœur aimant.

Il n'est point d'institution humaine qui, à certaines heures, ne soit éprouvée de quelque manière; souvent même les meilleures le sont davantage. « Celui qui n'a pas été éprouvé, dit le sage, que sait-il? que peut-il (1)? » Or, c'est en passant par le feu de l'épreuve que s'épure l'amitié, qu'elle succombe ou qu'elle devient forte comme la mort (2).

L'amitié est une plante dont les fruits sont

(1) Qui non est tentatus, quid scit? Eccli. XXXIV, 9.

(2) Fortis ut mors dilectio. Cantic. cant. VIII, 6.

d'autant plus abondants et plus doux que le fer de l'épreuve lui a fait sentir sa vertu.

Quand deux vrais amis, à cause de leur affection mutelle, ont à souffrir de grandes peines, à surmonter de grands obstacles, à endurer mille tribulations et mille ennuis douloureux, on ne saurait dire quelle force puissante les unit, et quelle douceur, en dépit de toutes les embûches du sort, ils goûtent dans leurs rapports. Il y a alors dans le cœur je ne sais quel acharnement à aimer d'autant plus violent que tout semble conjuré pour l'anéantir. S'il faut soutenir des persécutions ouvertes, des poursuites acharnées, des luttes haineuses et vengeresses, le cœur est prêt à tout. Plus il faut combattre, plus il s'aguerrit; plus on veut le priver de ce qu'il aime, plus il s'y attache étroitement. Il est, à cette heure formidable, prêt à tous les sacrifices, il apprend à les connaître et il les apprécie tous; et quand bien même il n'en mesurerait qu'imparfaitement l'étendue ou la portée, il ne reculerait pas! Chose étrange, en vérité, que ce qui terrasse les amitiés médiocres élève et rend invincibles les grandes et seules véritables affections!

Dans l'histoire de la vie humaine, ce cas spécial où l'amitié s'est ainsi fortifiée dans la faiblesse (1) se trouve fréquemment répété. Je ne sais pas s'il est pour l'amitié d'épreuve plus terrible, mais dont la vertu vivifiante soit plus forte. Celle-ci résume toutes les autres. Souvent, d'ailleurs, toutes les autres l'accompagnent.

Après l'épreuve d'une persécution ouverte, l'amitié n'en a peut-être pas de plus rigoureuse à souffrir que celle de l'absence, parce que l'absence donne accès aux plus vives alarmes. Elle est le plus grand des maux, a dit le Fabuliste (2). Et rien, en effet, n'est plus sensible au cœur que la séparation d'un objet aimé que l'on craint toujours de perdre et dont on voudrait jouir sans cesse. Tout homme aime naturellement ce qui fait son bonheur ou ce qui y contribue, et il n'est personne ici-bas qui puisse y renoncer de gaieté de cœur et sans en éprouver la moindre peine.

« Nul d'entre nous, a dit Montaigne, ne se

(1) Virtus in infirmitate perficitur. II Corinth., XII, 9.
(2) La Fontaine, *Fables,* liv. IX, f. 2.

peult vanter, quelque voyage qu'il fasse à son souhait, qu'encores, au despartir de sa famille et de ses amys, il ne se sente frissonner le courage, et si les larmes ne lui en eschappent tout à fait, au moins met-il le pied à l'estrier d'un visage morne et contristé (1). »

Et quand celui qu'on aime s'est éloigné, le cœur souffre promptement de l'isolement dans lequel il se trouve plongé. Les jours s'écoulent, et le cœur inquiet se pose mille questions. Cet ami si loin de moi est-il heureux? La douleur ne l'oppresse-t-elle pas sous son étreinte? Le reverrai-je bientôt?

Et s'il y a lieu de soupçonner quelque grave danger, quelque péril imminent, quelque maladie contagieuse et mortelle, dans quelle perplexité une âme sensible ne se trouvera-t-elle pas? Que sera-ce enfin, si ces tristes appréhensions se réalisent (2)?

Voilà un faible et succinct aperçu des tribu-

(1) *Essais*, liv. I, ch. XXXVII.

(2) « Les brises de Grignan me font mal à votre poitrine, » écrivait Mme de Sévigné à Mme de Grignan. L'on ne saurait exprimer plus délicieusement ce suave et

lations de l'amitié dans l'absence ou l'éloignement de ceux qu'elle unit. Or l'absence ne sera pas une pierre d'achoppement pour l'amitié si elle résiste aux suites malheureusement trop fréquentes qui résultent de la séparation : au doute..., à l'oubli.

Le doute!... Quel tourment cruel pour un cœur aimant! Quand l'on aime profondément, on voudrait être payé d'un si juste retour! L'on a mille sujets de crainte; et comme l'a dit le poëte en parlant de l'ami,

> Un souffle, un rien, tout lui fait peur,
> Quand il s'agit de ce qu'il aime (1)!...

Une affection profonde peut être si vite altérée!... Il a fallu peut-être des années pour la former, et il ne faut qu'un moment pour la rompre! D'autre part, la nature humaine est si inconstante, si mobile dans ses attachements!

charmant *communisme* de cœur que la distance ne sait pas détruire.

La correspondance intime du président Fabre avec saint François de Sales est remplie de ces chefs-d'œuvre de délicatesse inspirés par la plus vive affection.

(1) La Fontaine, *Fables,* liv. VIII, f. 11.

Souvent, ce qui l'a charmé un instant devient avec le temps un objet sans attrait pour elle. L'amitié véritable n'ignore aucune de ces tristes vérités. Aussi quand un motif quelconque permet au doute de se glisser dans le cœur d'un ami, c'est bien presque toujours pour troubler la sérénité de l'affection qu'il porte à son ami. Que de conjectures, que de chimériques hypothèses peut-être ne fera-t-il pas! Et si la séparation ou l'éloignement favorisent encore les rêves d'une imagination inquiète, que de tourments, que d'ennuis le doute n'enfantera-t-il pas!

Toutefois, si ce cœur, dans son affection sincère, reconnaît son erreur et l'injustice de ses soupçons, il s'animera d'une nouvelle ardeur, et son attachement n'en sera que plus inviolable. Mais si, au contraire, les événements justifient ses appréhensions, s'il voit s'écrouler l'amitié qu'il croyait solide, c'est alors qu'il sent toute l'amertume de la déception et qu'il s'abandonne à la douleur, quelquefois même à un découragement tel qu'il regrette d'avoir aimé. Car il faudra rompre; or une amitié brisée de la sorte ne se renoue jamais; elle ne saurait du moins jamais redevenir aussi vive et aussi franche qu'elle l'a été primitivement.

L'oubli est encore une misère du cœur humain, issue de son inconstance et de sa légèreté. Il n'est pas d'amitié quelque peu profonde même qu'elle soit, qui ne cherche, dans ses heures d'expansion, à prémunir un objet tendrement aimé contre cet écueil funeste à tant d'affections. Que de promesses, que de serments ne se prodiguent pas deux cœurs amis! Souvent, — dans la jeunesse surtout, — l'on aime à consacrer par de mutuels présents la foi que l'on s'est jurée. L'on décore du nom de souvenirs ces petits présents destinés à rappeler une affection plus ou moins vive. Pourtant, hélas! en dépit de tous ces efforts, un jour arrive où la mémoire du cœur semble s'obscurcir et renonce sans le dire à ses engagements!

Il n'est généralement pas possible de vivre constamment dans la compagnie de ce qu'on aime. Il y a des exigences de position ou d'état qui nécessitent la séparation, et souvent même il arrive que l'on ne peut se voir qu'à de rares intervalles, et il n'en faut pas davantage pour permettre à l'oubli d'avoir accès dans le cœur. Tout d'abord, l'on souffre d'être privé de la société et de la tendresse d'un ami : c'est un besoin nécessaire que de le lui dire. Aussi, malgré les difficultés de la distance, l'on s'entretient en s'écrivant fréquemment. Pendant un certain laps de temps, un ami reconnaît bien son ami dans les lettres qu'il reçoit de lui. Mais un jour, voici que le zèle de l'amitié se ralentit; moins fréquentes, moins expansives sont les lettres. Puis les relations perdent de leur activité; les lettres s'espacent de plus en plus, jusqu'à ce que insensiblement l'on ne s'écrive plus qu'à de rares intervalles. Le style de l'amitié fait place alors au style du simple décorum; finalement tout s'efface, tout s'éteint, tout disparaît : l'on s'oublie, l'on ne se connaît plus!... Que d'amitiés sincères ont eu pareille fin (1)!

(1) Ce qui donne occasion à ces inconstances du cœur, c'est bien souvent l'insuffisance d'une correspondance entre amis, quelque active et fréquente qu'elle soit. Les lettres les plus intimes ne sauraient nourrir une amitié vive et profonde : il faut nécessairement la vue de l'objet

Est-ce à dire que dans ces infidélités du cœur, dont on a raison de se plaindre, il n'y ait rien de notre faute? Pouvons-nous en accuser uniquement la nature inconstante du cœur humain, la force des choses, certaines circonstances exceptionnelles? Assurément non. « Quand nous sommes las d'aimer, a dit un célèbre moraliste, nous sommes bien aise qu'on nous devienne infidèle pour nous dégager de notre fidélité (1). »

Quoi qu'il en soit, convenons que l'amitié qui

aimé pour entretenir l'affection; il faut ces douces causeries auxquelles rien ne supplée. Une lettre peut-elle montrer le fond du cœur comme le peut faire le plus court entretien? De plus, une lettre est toujours écrite sous l'influence de telle ou telle impression. Dans quelle disposition d'esprit trouvera-t-elle l'ami auquel elle est destinée? Peut-être trouvera-t-il une censure injuste là où il n'y a qu'une simple observation. Et comme l'auteur de la lettre ne saurait combattre ce sentiment qui, en raison de la distance, lui est naturellement inconnu, il prête ainsi involontairement un sujet de refroidissement à l'amitié. Enfin, comment une correspondance pourra-t-elle toucher les matières les plus délicates? S'il y a des confidences difficiles, mais nécessaires, comment les fera-t-elle? De là peuvent naître mille petits sujets de défiance qui amortissent peu à peu le feu sacré de l'amitié.

(1) La Rochefoucauld, *Maximes*.

a traversé de semblables épreuves sans perdre de sa force et de sa vivacité, est une amitié profonde, véritable et sur laquelle on peut se reposer comme sur un appui ferme et inébranlable, parce que ce qui a causé la ruine des autres n'a pu que l'affermir sur des bases plus solides (1).

Dans la sphère des amitiés de ce monde, il se présente quelquefois une sorte d'anomalie sans nom qui jette le cœur dans un désespoir extrême et le pousse même aux plus regrettables excès. C'est alors que tous les efforts d'un cœur deviennent inutiles pour obtenir une affection qui réponde à la sienne.

Mettre tout en œuvre pour se faire aimer, aimer vivement et ne pas se sentir aimé de ce qu'on aime, n'est-ce pas un affreux supplice? Dans de semblables conjonctures, l'on a vu des cœurs s'enflammer d'une sombre colère, ou bien concevoir un dépit secret qui allait jusqu'à la haine la plus profonde. Fait étrange et cepen-

(1) Sunt igitur firmi et stabiles et constantes eligendi; cujus generis est magna penuria, et judicare difficile est sane nisi expertum... *De Am.*, n. 62.

dant bien naturel! « L'amour rebuté, dit le prince des orateurs de la chaire, l'amour dédaigné tarit la source des grâces et ouvre celle des vengeances. Rien de plus furieux qu'un amour outragé et méprisé (1)! » Or l'amitié a cela de commun avec l'amour, que le mépris l'exalte jusqu'à la fureur.

Pour ne pas donner dans cet excès funeste, faut-il donc que le cœur rebuté maudisse le cœur humain, maudisse l'amitié, se ferme à toute affection et se retranche dans une froide et égoïste misanthropie? A Dieu ne plaise!

« Votre âme, dit un éminent orateur de la chaire, a choisi, elle s'est donnée, elle se dévoue tout entière; mais, ô douleur! on repousse ce don que vous avez fait de vous!... Quelle sera votre ressource? Votre ressource sera de ne point vous lasser, d'espérer contre l'espérance, de croire à l'efficacité d'un sentiment aussi vrai, aussi fort que le vôtre. Ployez le genou, s'il en est besoin, abaissez votre orgueil; que rien ne vous coûte pour persuader l'ingratitude et pour

(1) Bossuet, *Sermon sur le jugement*, 1er dim. d'Avent.

réduire l'insensibilité. Mais enfin, si vous ne réussissez pas, que ferez-vous? Je vous donnerai un conseil que je tiens d'un grand moraliste, La Bruyère, qui a dit que la dernière ressource alors était de ne plus rien faire du tout. On a repoussé votre empressement, essayez l'abandon. Je n'entends pas un abandon sincère, définitif, mais un abandon d'épreuve, où la tendresse se ménage le retour. Après cela, ce dernier effort de votre âme demeuré impuissant, voici un jour ce qui se passera en vous; vous vous direz : Allons, sois homme, n'abuse pas plus longtemps de cette faculté d'aimer qui t'a été donnée d'en haut : retourne à la raison, prends ton âme et va-t'en (1). »

Tel est le conseil de la sagesse au milieu des déceptions de l'amitié. Il nous reste à envisager une dernière singularité du cœur humain : je veux parler de la jalousie.

La jalousie, comme on pourrait le croire, n'est pas une passion à laquelle les âmes ordinaires soient seules accessibles. Une grande

(1) P. D. Lacordaire.

âme, un cœur généreux peuvent aussi y être sujets. Ni la noblesse des sentiments, ni l'intégrité de la vertu ne sauraient s'en garder totalement. Seulement une âme basse et vulgaire descendra vite jusqu'aux exagérations de l'injustice, ce qu'une âme grande et forte ne saura jamais faire : voilà la différence.

Pour se rendre compte de ce phénomène du cœur, il faut considérer que dans toute affection profonde, il y a je ne sais quel secret instinct d'égoïsme en vertu duquel le cœur voudrait seul posséder le cœur qu'il aime tendrement. Il lui semble qu'il devrait être seul pour lui comme le centre de toutes les béatitudes. Aussi, quand un motif quelconque vient froisser cet amour-propre intime, l'horizon de l'âme se voile, on dirait un nuage qui passe, vapeur légère peut-être, peut-être aussi messager de la tempête. Il n'y a pas d'affection ici-bas, quelle qu'elle soit, pourvu toutefois qu'elle soit véritable, qui puisse se défendre de ce sentiment.

Ajoutons que l'imperfection du pauvre cœur humain, l'expérience personnelle de ses propres défaillances, sont encore pour lui une prédisposition à cette maladie de l'âme. Qui, en effet, n'a ses misères intimes? Qui ne les connaît? Or tout cœur est naturellement porté à juger des autres sur soi-même. Et sans vouloir même être sévère, il vient à la pensée que ceux qu'on aime pourraient bien être victimes des mêmes faiblesses et préférer une autre affection à la nôtre.

Quelle que soit son origine, la jalousie entrevoit donc quelque rivalité secrète qui l'offusque et dont elle craint d'avoir tout à craindre. Est-ce à dire pour cela qu'elle soit blâmable en tout point? Distinguons d'abord et concluons ensuite.

La jalousie qui va jusqu'à l'injustice dans ses jugements et ses actes, et qui souvent s'abandonne au délire de la vengeance, est certainement aussi pernicieuse que coupable, et c'est bien à juste titre que l'Écriture la compare à un enfer (1). Elle a pour principe un orgueil froissé et révolté.

Mais il est une autre sorte de jalousie, issue, au contraire, de l'amour le plus pur, le plus

(1) Dura sicut infernus æmulatio. Cant. cant. VIII, 6.

fidèle et le plus désintéressé. Sa crainte unique est l'infidélité du cœur aimé, parce qu'on l'aime profondément, que l'on est jaloux de procurer son bien, son bonheur, et que l'on redoute pour lui mille dangers dont notre affection a su le préserver jusqu'ici. C'est dans ce sens que l'Écriture appelle Dieu « le Dieu jaloux (1). »

Il est manifeste que cette sorte de jalousie n'est nullement incompatible avec une grande âme. Toutefois, elle peut être pour l'amitié une épreuve et un tourment, parce qu'elle donne naissance à mille perplexités.

Ainsi, la condition de l'homme sur la terre ne saurait être exempte de tribulation. Il ne saurait goûter en paix un seul plaisir entier et pur (2), sans voir bientôt quelque nuage s'élever et troubler la sérénité de son âme. Aimer est sa plus douce consolation ici-bas, et il est écrit que l'on ne saurait aimer sans souffrir (3).

(1) Ego Deus fortis, *Zelotes*. Ex. xx, 5.
(2) Montaigne, *Essais*, liv. I, ch. xxix.
(3) Sine dolore non vivitur in amore. *De Imit.*, lib. III, c. v, n. 7.

Heureux pourtant les amis fidèles; malgré les épreuves de toute sorte, le chemin de la vie aplanit pour eux sa rudesse!

Ovide a dit aussi :

Quod juvat exiguum, plus est quod lædit amantes :
Præponant animo multa ferenda suo.

De Art. am., lib. II.

CHAPITRE IX.

L'AMABILITÉ OU LES VERTUS ENTREMETTEUSES DE L'AMITIÉ.

Qu'est-ce que l'amabilité? — Trois vertus principales dans l'amabilité : bonté, douceur, sincérité. — La bonté : deux sortes de bonté. — Attraits de la douceur. — Charmes de la sincérité. — La franchise et la sincérité.

Quiconque veut atteindre un but doit nécessairement prendre les moyens efficaces qui peuvent y conduire. « Si vous voulez être aimé, soyez aimable (1), » a dit le poëte. Et Cicéron, dans son traité, a dit de même : « Ceux-là seuls méritent notre amitié qui ont en eux de quoi se faire aimer (2). » Or, c'est cette douce qualité d'être aimable, c'est cet art merveilleux de se

(1) Ut ameris, amabilis esto. Ovid., *De Art. am.*, lib. II.

(2) Digni autem sunt amicitia quibus in ipsis inest causa cur diligantur. Rarum genus! *De Am.*, n. 79.

faire aimer que l'on appelle ***amabilité***, mot complexe, si j'ose ainsi parler, qui exprime tout à la fois la grâce, le parfum, le rayonnement de mille petites vertus dont le cœur est embelli, comme un jardin délicieux l'est de mille fleurs charmantes.

Glanons dans cet Éden. Mais pour ne pas dépasser les bornes que nous nous sommes prescrites, contentons-nous d'examiner les trois principales vertus qu'embrasse l'amabilité : je veux parler de la bonté, de la douceur, de la sincérité. Et comme toute vertu est une disposition habituelle de l'âme, nous ne considérerons pas l'amabilité comme un éclair transitoire, mais comme un état permanent du cœur.

L'on a défini la bonté : la volonté constante de faire du bien et le soin de profiter de toutes les occasions de le faire. Dieu seul, sans doute, possède la plénitude de la bonté, parce que lui seul est vraiment bon, comme le disait le Sauveur Jésus lui-même (1). Et voilà pourquoi il est souverainement aimable. Toutefois, l'homme a

(1) Nemo bonus nisi solus Deus. Marc, x, 18.

reçu l'ordre d'imiter son Dieu et d'être parfait comme le Père céleste est parfait (1). Il doit donc aspirer de toutes ses forces à réaliser en lui cette bonté dont il a d'ailleurs le germe en lui-même. Car « Dieu, dit Bossuet, quand il forma le cœur et les entrailles de l'homme, y mit premièrement la bonté, comme le propre caractère de la nature divine. » L'homme peut donc se rendre aimable en acquérant la bonté, puisque la bonté est essentiellement aimable.

Or cette bonté dont l'amabilité est l'épanouissement, et qui est le plus puissant aimant de l'amitié, peut se manifester de deux manières : par l'esprit ou par le cœur.

La bonté d'esprit ou de caractère, c'est, dit un auteur, le « sourire qui épanouit les cœurs de ceux qui approchent. » Sourire qui se traduit, comme dit Cicéron, par une certaine aménité de langage et de mœurs, et c'est l'attrait le plus flatteur, le plus doux condiment de l'amitié (2).

« Cette aménité, ajoute Silvio Pellico, en

(1) Estote perfecti sicut et Pater vester cœlestis perfectus est. Matth., v, 48.

(2) Accedat huc suavitas quædam sermonum atque

donnant des manières aimables, dispose véritablement à aimer (1).

Sans cette bonté de caractère ou d'humeur, il n'est point d'union possible, dit encore le philosophe païen, parce que la diversité des mœurs entraîne celle des goûts, source féconde de rupture entre amis. Et il n'y a point d'autre raison qui s'oppose à l'amitié des bons avec les méchants et des méchants avec les bons, que la distance incalculable, infinie, entre les caractères et les penchants des uns et des autres (2).

L'amabilité d'humeur exclut donc l'inconstance, la bizarrerie, la taciturnité. Elle sait même dissimuler les modifications pénibles de l'âme, comme la tristesse. Elle n'a point l'aspect sévère. D'un extérieur simple, ouvert, agréable,

morum haudquaquam mediocre condimentum amicitiæ. *De Am.*, n. 66.

(1) *Dev. des hommes*, ch. XXVIII.

(2) Aliter amicitiæ stabiles permanere non possunt. Dispares enim mores disparia studia sequuntur, quorum dissimilitudo dissociat amicitias; nec ob aliam causam ullam, boni improbis, improbi bonis amici esse non possunt, nisi quod tanta est inter eos, quanta maxima potest esse, morum studiorumque distantia. *De Am.*, n. 74.

elle est naturellement portée à tout ce qui est égard ou prévenance (1).

Voilà pourquoi Montaigne a dit : « En l'amitié, c'est une chaleur générale et universelle, tempérée au demourant et égale, une chaleur constante et rassise, toute doulceur et polissure, qui n'a rien d'aspre et de poignant (2). »

La bonté de l'âme ou du cœur, dont la première n'est d'ailleurs que l'expression, se manifeste surtout par les actes.

La bonté est essentiellement diffusive de sa nature : c'est un parfum dont l'exubérance déborde sans cesse. Être utile à tous, les secourir s'il le faut et quand elle le peut, les consoler tout au moins et travailler à leur bonheur en les aimant, voilà son objet. Elle peut être dénuée de tout avantage matériel, mais son empressement à se dévouer est une richesse dont le prestige l'environne toujours. Que d'actes de

(1) Tristitia autem et in omni re severitas, habet illa quidem gravitatem, sed amicitia remissior esse debet, et liberior, et dulcior, et ad omnem comitatem facilitatemque proclivior. *De Am.*, n. 66.

(2) *Essais*, liv. I, ch. XXVII.

bonté ne lui inspire pas cette volonté constante de travailler au bien des autres! Que de larmes ne tarit-elle pas! Que de douleurs elle sait alléger! Que de maux, que de désordres n'empêche-t-elle pas (1)!

« Ce n'est pas sans quelque probabilité, a dit le P. Faber, que l'on prétendrait que tout homme à qui on a donné une marque de bonté est un homme qui a une faute d'épargnée. Parfois, un cœur est prêt à succomber, il s'affaisse de plus en plus sur lui-même, le nuage de la tristesse s'épaissit, tout annonce une défaillance. Mais voici, je ne dis pas une action ou une parole de bonté, voici un ton de voix, un simple regard qui a parlé sympathiquement à ce pauvre cœur, et tout est remis. Il n'a fallu que ce rayon d'humanité pour faire revivre l'âme abattue et pour l'encourager à reprendre, sans marchander, la voie que le découragement avait presque abandonnée. La faute aurait pu être pour cette âme le premier pas qui l'eût conduite à une perte

(1) C'est pour cela que l'Écriture a dit : Vir amabilis ad societatem magis amicus erit quam frater. Eccli, XVIII, 24.

irrémédiable, et l'encouragement qui l'a sauvée sera peut-être le premier anneau d'une chaîne qui s'appellera persévérance finale (1). »

Qui n'admirerait la grâce de cette page charmante où, avec une naïve simplicité, il dépeint, au point de vue éminemment chrétien, le rôle des actes de bonté dans le monde?

« Si je considère la terre, dit-il, à quelque moment que ce soit, je vois en esprit des milliers d'anges qui suivent les hommes à travers la foule et qui empêchent le mal par toutes les voies imaginables qui puissent s'accorder avec le libre arbitre. Je vois aussi la grâce qui descend invisiblement du sein de Dieu, se dirigeant sur les âmes et les enveloppant pour détrôner le péché. Mais je vois à l'œuvre, avec la grâce et les anges, une troisième bande de petits êtres à face voilée, voltigeant partout, déridant les visages tristes, remettant les gens fâchés, arrêtant les soupirs des malades, allumant un éclair d'espoir dans l'œil du moribond, adoucissant les cœurs ulcérés et détournant adroitement les

(1) *La Bonté*, p. 22-25.

hommes du péché au moment de le commettre. Ils semblent doués d'une étrange puissance; ils se font écouter là où les anges n'ont pu se faire entendre; ils se faufilent dans les cœurs à la porte desquels la grâce a dû perdre patience et se retirer. Mais à peine la porte s'est ouverte pour eux, que ces messagers voilés du bon Dieu sont repartis à tire d'aile, pour ramener la grâce. Ils peuvent jouer tous les rôles : aujourd'hui espions de la grâce; demain ses sapeurs; une autre fois sa cavalerie légère ou son corps d'armée, toujours au fort du combat; mais depuis plus de cinq mille ans, sachant à peine ce que c'est qu'une défaite. Ces petits êtres sont les actes de bonté qui s'enrôlent au service de Dieu du matin au soir, et c'est la seconde œuvre qui leur est confiée, de diminuer le nombre des fautes (1). »

Il serait superflu de renchérir sur ces considérations si pleines de vérité. C'en est assez pour montrer dans la bonté tout ce qu'il y a de beau, de grand, d'aimable.

(1) *La Bonté*, loco. cit.

La douceur est la seconde vertu dont l'amabilité porte et garde le reflet. Elle est appelée « l'enseigne de la bonté ». C'est qu'en effet elle en est l'expression vivante, et que la bonté n'est aimable que parce qu'elle est douce et d'un abord facile. La bonté aimable n'est pas celle du bienfaisant bourru, qui sans doute peut faire aimer ses largesses, mais qui pour lui ne se fait aimer jamais, précisément parce qu'il n'a pas cette onction de douceur qui a une vertu si puissante sur tous les cœurs. Et Cicéron a bien raison de répudier le sentiment de ces froids philosophes qui veulent donner à la vertu la raideur et la dureté du fer. Il veut, au contraire, que dans l'amitié elle soit douce, tendre, sensible (1).

Quel était le plus séduisant attrait qui attirât une si grande foule de peuple autour de Jésus-Christ pendant le cours de sa mission évangélique? C'est qu'il était doux et humble de

(1) Neque isti audiendi sunt qui virtutem duram et quasi ferream esse quamdam volunt; quæ quidem est quum multis in rebus, tum in amicitia tenera atque tractabilis. *De Am.*, n. 48.

cœur (1). Car la douceur est une vertu essentiellement attractive, si j'ose ainsi parler; et c'est pourquoi le divin Maître a dit cette parole qu'il avait réalisée le premier : Bienheureux ceux qui sont doux, parce qu'ils posséderont la terre; c'est-à-dire que la grâce de cette vertu leur attachera les cœurs et qu'ils régneront sur eux.

La froideur, la rudesse, sont toujours repoussantes; les paroles acerbes n'engendrent que la haine; les paroles agréables et douces, au contraire, sont le propre de l'amabilité (2).

Que faut-il donc entendre par la douceur? Par la douceur, il faut entendre une facilité de caractère par laquelle on défère toujours avec

(1) Discite a me quia mitis sum et humilis corde. Matth., XI, 29.

(2) Asperitas odium sævaque verba movent.

. . . .

Dulcibus est verbis mollis alendus amor,
Flectitur obsequio curvatus ab arbore ramus,
Frangis, si vires experiere tuas.

Ovide, *De Art. am.*, lib. II.

La sainte Écriture dit semblablement : Verbum dulce multiplicat amicos, et lingua eucharis in bono homine abundat. Eccli., VI, 5.

complaisance, mais sans bassesse, aux volontés des autres. La bonté porte le cœur au dévouement; la douceur attire ceux que notre dévouement peut obliger. On peut donc dire que la douceur est le côté aimable de la bonté.

Quand la douceur règle et distribue les épanchements de la bonté, elle rend le cœur prévenant, attentif pour tous. Elle trouve mille occasions de se rendre utile, mais sans humilier jamais. Loin d'elle l'esprit de contrariété. Dans l'amitié surtout, que de petites complications ne sait-elle pas empêcher! Entre amis, il peut survenir de ces discussions dont le motif est souvent sans portée, mais dont le résultat est presque toujours de refroidir le cœur, du moins pour un instant. Par un mot spirituel, par une plaisanterie gracieuse, la douceur sait arrêter tout à propos. Et si elle s'est trouvée personnellement mise en jeu, elle sait, par un sourire aimable, montrer qu'elle ne garde pas l'ombre même d'un sentiment de rancune et que son dessein n'était pas « d'avoir le dessus ».

C'est pourquoi elle juge des choses sans aigreur. S'il lui faut essuyer quelque reproche, elle le supporte patiemment quand il est juste. S'il est injuste, elle se justifie sans colère, sans dépit, sans amertume.

Est-il à dire que pour nous maintenir dans la douceur et en goûter les fruits, il faille renoncer à sa volonté et acquiescer à tout ce qui peut être exigé de nous? Assurément non. Le jugement et la raison doivent régler les actes de la douceur, et voilà pourquoi nous avons dit, en la définissant, qu'elle défère, mais *sans bassesse,* aux volontés ou sentiments d'autrui. Elle doit donc se maintenir toujours dans le devoir pour être une vertu; autrement ce serait une faiblesse.

Elle peut et elle doit par conséquent, dans certaines circonstances, se montrer en exprimant un refus, une défense même. Or c'est un art bien difficile que celui de refuser ou de défendre!

« Refuser, dit un auteur, mais c'est ôter à quelqu'un l'espérance qui le rendrait heureux; c'est arracher brusquement une illusion qu'on aimait, c'est fâcher en un mot. Or, comment fâcher quelqu'un sans le rendre presque notre ennemi? Ce mot vulgaire : « Il faut dorer la pilule, » est plein de sens; mais c'est un mot qu'on n'apprend guère. Le caractère doux trouve en lui-même des ressources que son bon naturel peut seul lui inspirer (1). »

S'il s'agit d'une réprimande ou d'un reproche à adresser, le cœur doux a le secret de ne jamais porter atteinte à l'amour-propre. Là encore, là surtout, il « dore la pilule », et entre deux mots affectueux, il glisse ce qu'il y a de plus pénible à faire accepter sans murmure. Et c'est ainsi que tout ressentiment est banni du cœur et que tout est concilié.

Saint François de Sales avait bien raison de dire que « la douceur est la vertu qui perfectionne le cœur de l'homme dans les devoirs de la société humaine. Comme l'huile d'olive qui surnage toujours, la douceur met l'homme au-dessus de toutes les peines; elle excelle entre toutes les vertus, parce qu'elle est la fleur de la charité, laquelle, dit saint Bernard, n'a toute sa per-

(1) *Les petites Vertus et les petits Défauts.*

fection que quand elle joint la douceur à la patience (1) ».

Que de maux n'éviterait-on pas si l'on pratiquait cette vertu de douceur! La plupart des misères qui accablent la pauvre humanité sont causées par l'absence de cette vertu. Dans la famille, dans la société, personne ne veut céder... L'on regarde comme un point d'honneur sur lequel on ne doit jamais transiger, d'avoir raison toujours, souvent même au détriment de l'amitié. Et que de déplorables suites en résultent! De là des haines, des discordes, des dissensions, des vengeances... Ah! que les rapports de la vie seraient agréables et remplis de charmes si la douceur les réglait ou les inspirait tous!

Le saint et illustre patriarche Joseph, renvoyant ses frères d'Égypte dans la maison de son père, ne leur donna que cet avis : « Ne vous fâchez point en chemin. » Je vous le dis aussi, car cette vie n'est que le voyage que nous avons à faire pour aller au ciel : ne nous fâchons donc point en chemin les uns contre les autres; mar-

(1) *Intr. à la vie dévote*, IIIe partie, ch. VIII.

chons avec nos frères dans un véritable esprit de paix et d'amitié (1). »

Quand la douceur règne dans une âme, elle rayonne sur le visage et en anime tous les traits. Elle y imprime un cachet d'une amabilité tel, qu'il fait naître presque instinctivement la sympathie dans le cœur de ceux qu'elle approche. « Une physionomie douce, a dit un moraliste, peut être laide impunément, car la bonté de l'âme y éclate par une sorte de transparence mystérieuse. » C'est cette même vérité qu'expriment les saintes lettres par ces paroles : C'est le cœur qui donne au visage toute son expression, qui le rend bon et aimable, ou mauvais et repoussant. Aussi trouver un visage aimable qui soit la marque d'un bon cœur, n'est pas chose commune et facile. Pour y arriver, il faut se donner quelque peine (2).

Enfin la sincérité est le couronnement des deux vertus inséparables de l'amabilité.

(1) *Intr. à la vie dévote*, loco cit.

(2) Cor hominis immutat faciem illius, sive in bona, sive in mala. Vestigium cordis boni et faciem bonam difficile invenies et cum labore. Eccli., XIII, 31.

Avez-vous jamais été témoin du travail qu'est obligé de faire celui qui recueille et qui veut conserver le produit merveilleux des abeilles? Il prend avec soin le gâteau d'alvéoles, il le presse, il en exprime le suc si doux; il l'épure, il le filtre à l'aide d'une toile ou d'une gaze légère, et ainsi il demeure pur, sans mélange.

C'est précisément ce qu'exprime dans son étymologie le mot sincérité (1). Or, dans l'amitié, c'est ainsi qu'agit le cœur. Il dégage ses moindres rapports d'intimité avec un ami, de tout élément capable d'en altérer la suavité.

Car la sincérité, considérée comme vertu, est une disposition de l'âme qui nous fait parler et agir conformément à ce que nous pensons, et nous empêche de parler ou d'agir contrairement à ce que nous pensons. Elle exclut tout ce qui peut porter atteinte à la vérité; toutefois, elle incline à dire ou à taire la vérité, selon qu'elle le juge sage et prudent.

Cicéron établit dans différents passages de son traité (2) que cette vertu est essentielle et

(1) Sine cera. *Gloss.*

(2) Voir n°s 65, 93, 97, etc., *De Am.*

indispensable à l'amitié; car elle est la base et le fondement de la confiance, de l'abandon, de l'intimité.

« En toute chose, dit-il, la dissimulation est honteuse, puisqu'elle altère le vrai et nous empêche de le reconnaître; mais c'est principalement à l'amitié qu'elle est contraire. Car elle en exclut la sincérité, sans laquelle l'amitié n'est plus qu'un vain nom. Or, si plusieurs âmes, par le pouvoir d'une étroite sympathie, ne doivent plus, pour ainsi dire, en former qu'une seule, comment cela se pourra-t-il, si déjà, dans un homme, il y en a plus d'une, et qu'au lieu d'être toujours le même il varie sans cesse, et, nouveau Protée, il se multiplie sous toutes les formes (1)? »

La franchise est une qualité qui se rapproche beaucoup de la sincérité; mais elle en diffère,

(1) Quum autem omnium rerum simulatio est vitiosa (tollit enim judicium veri, idque adulterat), tum amicitiæ repugnat maxime. Delet enim veritatem, sine qua nomen amicitiæ valere non potest. Nam cum amicitiæ vis sit in eo ut unus quasi animus fiat ex pluribus, qui id fieri poterit, si ne in uno quidem quoque unus animus erit, idemque semper, sed varius, commutabilis, multiplex? *De Am.*, n. 92.

en ce qu'elle est une disposition de l'âme plus générale, moins exquise, moins réglée. « La franchise sans la prudence, a dit quelqu'un, est la vertu des sots, » parce que le jugement, le tact, la réflexion lui font souvent défaut. La sincérité, au contraire, a un caractère de gravité et de sagesse qui lui est exclusivement personnel : elle est prudente et réfléchie et sait garder le silence plutôt que de paraître inconsidérée. La discrétion est son apanage, tandis qu'elle n'est pas toujours celui de la franchise. En un mot la franchise peut blesser en faisant pièce à la charité, la sincérité, jamais. La sincérité nous fait donc dire oui, quand *il faut dire* oui, non, quand *il faut dire* non. C'est cette vertu que Notre-Seigneur recommande à tous dans son admirable discours sur la montagne, que saint Matthieu nous a transmis (1).

« Rien de délicieux, dit un pieux auteur, comme les rapports que l'on a avec une personne franche et sincère ; une heure de conversation avec elle, quand à son cœur droit et

(1) Sit autem sermo vester, Est, est; Non, non : quod autem abundantius est, a malo est. Matth., v, 37.

loyal elle joint une intelligence vraie, rend l'esprit et le cœur tout pleins de joie.

« Ces âmes-là reposent : on est à l'aise avec elles ; on n'a jamais peur d'être trompé et on comprend ces mots d'un moraliste : « La sincérité est l'enseigne d'un cœur honnête (1). »

Ainsi la douceur dans la bonté, la sincérité dans tous les rapports de la vie, voilà le triple rameau de cet arbre si fécond qui s'appelle l'amabilité. C'est bien l'arbre de bénédiction dont parle le prophète royal au premier de ses psaumes. Planté sur le courant d'une eau pure et limpide, il donne en son temps un fruit délicieux. Son ombre est fraîche et douce, et sa feuille ne se flétrit point, parce qu'il prospère et grandit sans cesse sous l'œil de Dieu.

(1) *Les petites Vertus et les petits Défauts.*

CHAPITRE X.

CONCLUSION.

Durée des amitiés parfaites, leur rareté. — Instabilité des amitiés communes. — Amis et camarades. — Du nombre des amis. — L'amitié avec les personnes du sexe. — Ses dangers. — Signes auxquels on peut les reconnaître. — Remèdes. — Considérations finales.

« Aimer, disait Aristote, c'est vouloir du bien. L'ami, c'est donc celui qui veut le bien de celui qu'il aime et qui y travaille (1). » Cette définition est belle assurément; car le bien, pris en lui-même, c'est Dieu, c'est un reflet de son être et de sa perfection. Or l'amitié, telle que nous l'avons entrevue, reposant sur la vertu et partant sur Dieu même, est la seule qui soit durable et vraie. « Les véritables amitiés, a dit Cicéron,

(1) Amare est velle alicui bonum. II *Rhet.*, c. IV. — Amicus definitur : Qui vult bona et facit ejus causa quem amat. XXXI, art. I.

sont éternelles (1). » Et, en effet, elles sont éternelles, parce que Dieu est immuable. Cette amitié, c'est l'édifice qu'a bâti l'homme sage et intelligent dont parle l'Évangile. Il l'a solidement assis sur le rocher. Aussi la pluie est descendue du ciel, les fleuves ont débordé, les vents ont soufflé avec fureur et se sont rués contre cette maison, et elle a soutenu le choc, parce qu'elle était fondée sur le roc (2).

L'amitié parfaite n'est rare dans le monde qu'en raison de sa perfection. Aussi l'on peut en dire, et à juste titre, ce que Montaigne disait d'une amitié qu'il croyait sans égale : « Sachant combien c'est chose esloingnée du commun usage qu'une telle amitié et combien elle est rare, je ne m'attends pas d'en trouver aucun bon juge; car les discours même que l'antiquité nous a laissés sur ce subject me semblent lasches au prix du sentiment que j'en ai; et en ce poinct, les effets surpassent les préceptes de la philosophie (3). » Celui-là seul qui en a fait

(1) Veræ amicitiæ sempiternæ sunt. *De Am.*, n. 32.

(2) Matth., ch. VII, v. 24 et seq.

(3) *Essais*, liv. I, ch. XXVII.

l'expérience sait l'apprécier à sa juste valeur.

L'on a dit et répété bien souvent que l'amitié n'est qu'un bail à courte échéance. Cette triste vérité ne peut s'appliquer qu'aux amitiés communes et vulgaires, qu'une utilité quelconque fait naître, et qu'un caprice brise tout à coup. Aussi l'inconstance est-elle leur caractère propre. Une vertu égoïste ou capricieuse; une imagination légère et frivole, une humeur volage, versatile en sont généralement les causes.

Et remarquons à ce sujet une erreur presque commune à la jeunesse. Elle décore souvent du nom d'amis ceux qui partagent ses convictions, ses plaisirs, ses divertissements; mais avec lesquels elle n'a presque jamais aucun vrai rapport d'amitié. Ce sont là des camarades et non pas des amis; car il y a une grande différence entre les uns et les autres. « Les camarades prennent le temps, les amis le donnent. On a des camarades pour jouer ou ne rien faire: on a des amis pour être vertueux et agir. Les premiers partagent les choses auxquelles on ne tient pas, les plaisirs, le temps et quelquefois l'argent (1); nous partageons avec les seconds ce que nous avons de plus intime et de plus précieux, nos joies, nos secrets et nos douleurs (2). »

Au sujet de ces liaisons, quelles qu'elles soient, il faut dire ce que Montaigne a dit des amitiés vulgaires et communes : « Il fault marcher en ces amitiez-là la bride à la main, avecque prudence et précaution : la liaison n'étant pas nouée en manière qu'on n'ait auculnement à s'en défier (3). »

Si nous parlons ici de la pluralité des amis, c'est pour nous exprimer d'une manière générale au sujet de toute amitié bonne et vertueuse. Nous n'avons point à revenir sur ce que nous avons dit de l'amitié particulière : elle forme une particularité que tous ne peuvent pas réaliser.

(1) Conformément à ce que dit l'Écriture : « Sodalis amico conjucundatur in oblectationibus, et in tempore tribulationis adversarius erit. Eccli., XXXVII, 5.

(2) Ch. Sainte-Foi. *Les Heures sérieuses d'un jeune homme*, 11e heure.

(3) *Essais.* Loco cit.

« Je sais, dit un auteur déjà cité, qu'il y a, quant au nombre des amis, une théorie toute faite, on la trouve dans la *Maison de Socrate*, et c'est elle que le charmant poëte Violeau (il compte pourtant beaucoup d'amis), exprimait en disant :

Des amis, doux secours dont on a tant besoin,
Cercle qui se déforme en s'étendant trop loin.

C'est cependant une théorie qui, comme bien d'autres, demande un petit commentaire.

« Vouloir, coûte que coûte, avoir beaucoup d'amis, pour s'en faire honneur, c'est ressembler à ces hommes qui achètent plus de livres qu'ils n'en peuvent et n'en veulent lire. C'est une variété de la manie des collections, manie où l'amour-propre domine et d'où, par conséquent, est banni le vrai sens de l'amitié. Évidemment il ne faut pas chercher à avoir, à quelque prix que ce soit, beaucoup d'amis ; mais faut-il cependant s'y refuser ?

« Telle est la question à laquelle je n'hésite pas à donner une réponse négative.

« S'il faut choisir ses amis, il faut remarquer cependant que cette faculté de choisir n'a rien d'absolu ni d'illimité. Il semble même, qu'au moyen de circonstances diverses de notre vie, la Providence nous présente un certain nombre de candidats à notre affection, parmi lesquels seulement s'exerce notre droit d'option.

« Allez-vous limiter d'avance le nombre de vos amis, et lorsque vous l'aurez atteint, déclarer votre cœur content (1)? »

Non; à moins de cas ou de dispositions spéciales. Le cœur est trop vaste pour borner ses aspirations et les circonscrire dans le cercle d'un horizon plus ou moins restreint.

Quant aux amitiés entre sexe différent, nous remarquerons, avec l'Écriture, qu'il est bien nécessaire d'user de la plus grande circonspection (2). Le cœur de la femme, c'est un lierre qui, par lui-même, n'a aucune consistance. Pour rester debout, il lui faut un appui : malheur au cœur dont la vertu ne sera pas inébran-

(1) Eug. de Margerie. *Loco cit.*, lettre XVIII.

(2) Non des mulieri potestatem animæ tuæ, ne ingrediatur in virtutem tuam et confundaris. Eccli., IX, 2.

lable! Il succombera bientôt avec l'objet dont il pensait devenir le soutien.

« Je dis, remarque saint François de Sales à ce sujet, qu'il faut être sur ses gardes, pour n'être point trompé en amitié et surtout quand il s'agit d'une personne de différent sexe, quelque bon principe que puisse avoir cette liaison. On commence par une affection vertueuse; mais, à moins de prendre de sages précautions, l'affection frivole s'y mêlera, puis une affection sensuelle, et enfin une affection charnelle. Oui, il y a du danger, même dans une affection spirituelle, si l'on ne sait pas s'armer de défiance et de vigilance, bien qu'il soit plus difficile de s'abuser, parce que la parfaite innocence de cœur lui découvre plus facilement tout ce qui peut s'y glisser d'impur, comme les taches paraissent plus sur un fond bien blanc.

« C'est pourquoi armez-vous, au nom de Dieu, de toute la fermeté la plus rigoureuse dans ces occasions qui peuvent vous devenir fatales (1). »

(1) *Intr. à la vie dévote,* IIIe partie, ch. XX-XXI.

Et s'appesantissant sur cette pensée, il donne les règles suivantes pour discerner l'amitié vertueuse de cette amitié frivole et pernicieuse.

« Le miel d'Héraclée (1), dit-il, est plus doux que le miel commun, parce que les abeilles le recueillent sur l'aconit, qui lui donne cette douceur extraordinaire. De même, l'amitié mondaine est d'autant plus perfide qu'elle flatte agréablement l'amour-propre. Elle a une certaine abondance de paroles douces, molles, passionnées et pleines d'adulation sur la beauté, sur la bonne grâce, sur de vains avantages naturels. L'amitié vertueuse et sainte, au contraire, a un langage simple et sincère, et ne peut jamais louer que les qualités véritables.

« Le miel d'Héraclée produit un tournoiement de tête et beaucoup de vertiges ; de même la fausse amitié cause un dangereux étourdissement d'esprit qui fait chanceler dans la voie du salut. De là les démonstrations trop sensuelles, les plaintes affectées, les contenances étudiées, les manières enjouées et insinuantes, les préten-

(1) Voyez ch. VII.

tions ridicules : présages certains de la ruine de la vertu. Tandis que l'amitié vertueuse et sainte a des regards simples et modestes, des démonstrations pures et franches.

« Le miel d'Héraclée trouble la vue : l'amitié mondaine trouble si fort le jugement que l'on ne distingue plus le bien et le mal, que l'on prend pour de vaines raisons les plus futiles prétextes ; que l'on craint la lumière et qu'on aime les ténèbres. L'amitié simple, au contraire, a des yeux clairvoyants, ne se cache point et se montre même volontiers aux gens de bien.

« Enfin, le miel d'Héraclée laisse une grande amertume à la bouche, quelque doux qu'il ait paru d'abord. La fausse amitié se termine par des aspirations et des demandes coupables ; des ennuis, des défiances, des jalousies, des reproches et des injures ; des impostures et des calomnies, qui vont souvent jusqu'à la rage la plus emportée et jusqu'à la trahison la plus noire. La chaste et pure amitié, toujours semblable à elle-même, est toujours également honnête, civile et douce ; ne connaît de changement que celui d'une nouvelle perfection acquise chaque jour par l'union des esprits et des cœurs ; image vive de la bienheureuse amitié que l'on goûte dans le ciel (1). »

Si l'on demande maintenant comment l'on peut se précautionner contre ces folles et mauvaises amitiés, en voici les moyens, d'après le même saint docteur.

« Dès la première atteinte que votre cœur en ressentira, quelque légère qu'elle soit, tournez-le aussitôt de l'autre côté, c'est-à-dire vers Dieu même. Son amour seul peut vous fournir toutes les ressources nécessaires pour vaincre le danger : faites-en une haie à votre cœur, pour le protéger, comme dit l'Écriture, contre ces renards dévastateurs. Le monde ne vous offrira que des moyens futiles et sans vertu. Gardez-vous bien d'en venir à aucune composition avec votre ennemi ; ne dites pas, je l'écouterai, mais je ne ferai rien de ce qu'il me dira ; je lui prêterai l'oreille, mais je lui refuserai mon cœur. Le cœur et l'oreille ont trop de sympathie pour que l'un ne soit pas touché de ce qui frappe

(1) *Introd. à la vie dévote*, IIIe partie, ch. XX-XXI.

l'autre, et comme il est impossible d'arrêter un torrent qui a pris son cours vers le penchant d'une montagne, il est bien difficile que le poison tombé dans l'oreille ne descende pas dans le cœur.

« Si votre cœur s'est déjà laissé prendre dans les filets de ces mauvaises amitiés, ô Dieu! quelle difficulté pour en sortir (1)! Reconnais-

(1) Les plus grandes erreurs de l'esprit humain touchent de près le côté sublime de certaines grandes vérités; et il est à remarquer qu'elles ont pour principe l'exagération ou l'altération de ces mêmes vérités. C'est ainsi que cette pensée de saint Paul : *In ipso (Deo) vivimus, movemur et sumus* (Act. apost., XVII, 28), a donné accès au panthéisme.

Il en est de même des aberrations du cœur.

« Dieu, dit encore saint Paul, nous a aimés jusqu'à la folie, jusqu'à la folie de la croix, » et les horreurs de la passion n'ont pu détacher son cœur de l'amour des hommes. C'est pourquoi il s'est constitué leur prisonnier, leur esclave perpétuel, en résidant sur nos autels. Or c'est ainsi que l'homme voudrait aimer. Il se fait naturellement l'esclave de ce qu'il aime. Mais, hélas! si son affection ne repose pas sur Dieu, si elle s'éloigne de ce principe, si elle oublie ce point de départ, elle dévie de sa route, elle s'égare, et alors même que le bien ou le salut de son âme en souffre, le cœur ne sait plus se séparer de

sez devant Dieu l'excès de votre misère, de votre faiblesse, de votre vanité; que votre cœur fasse ensuite le plus grand effort qu'il pourra pour détester ces amitiés commencées, pour abjurer les témoignages que vous en avez donnés, pour renoncer à toutes les promesses que vous en avez acceptées, et prenez une vive et absolue résolution de ne jamais former de tels engagements.

« Si vous pouviez vous éloigner, j'approuverais tout à fait cet éloignement, car le changement de lieu est très-salutaire pour calmer ces sortes d'inquiétudes. Ce fut pour ce motif que saint Augustin, vivement affligé de la perte de son cher ami, quitta Tagaste, où il était mort, et alla à Carthage. »

« Mais que doit-on faire quand on ne peut absolument s'éloigner? car il est des cas où une rupture immédiate et complète est de toute impossibilité, ou du moins peut avoir de très-funestes conséquences. Que faire alors? Il faut nécessairement retrancher toute conversation particu-

ce qu'il aime, ou ce n'est qu'avec une peine infinie qu'il s'en sépare. Et c'est ainsi, par un aveuglement fatal, que le cœur fait la contre-partie de ce qu'il devrait faire.

lière, toute assiduité, toute démonstration vaine, en un mot, tout ce qui peut entretenir cette mauvaise amitié ; ou, s'il est indispensable de se parler, ce doit être tout d'abord pour déclarer le divorce éternel que l'on veut faire. Ne vous laissez arrêter alors par aucune considération. Je le crie très-haut à quiconque voudra l'entendre : taillez, coupez, tranchez ; ne vous amusez pas à découdre ces folles amitiés, ni à démêler leurs liens ; il faut promptement y mettre le fer et le feu, si l'on veut le salut de son âme. »

« Mais, me direz-vous, ne sera-ce point une ingratitude de rompre d'une manière si brusque? Non, je vous le dis de la part de Dieu, ce ne sera point une ingratitude, mais un bienfait. En brisant vos liens, vous briserez ceux d'un autre, et quoique son bonheur lui soit caché, ce ne sera pas pour longtemps ; et bientôt chacun dira de son côté en action de grâces, comme David : « O Seigneur, vous avez brisé mes liens, je vous offrirai un sacrifice de louange et j'invoquerai votre nom dans une douce et entière liberté (1). »

(1) *Introd. à la vie dévote*, IIIe partie, ch. XXI.

Nous nous sommes longuement étendu sur ce dernier point, parce qu'il est dans le monde une véritable pierre d'achoppement pour la vertu et le salut d'un grand nombre. Ces conseils si sages de l'expérience auxquels donne encore plus de poids le prestige de la sainteté, méritaient une place bien marquée dans le cadre que nous voulions remplir. Puissent-ils produire des fruits de salut et de vie!

Et maintenant, comme le voyageur au terme de sa route, arrêtons nos pas et embrassons d'un dernier regard toute l'étendue que nous venons de parcourir.

L'amitié, comme l'amour, vient du ciel. Au ciel le bonheur suprême est d'aimer et de jouir sans crainte de perdre ce qu'on aime. L'homme, ce « dieu déchu qui se souvient des cieux », cherche ici-bas ce qui peut contenter ce besoin d'aimer, inné en lui. Mais son cœur, au milieu des flots périlleux de ce monde, aux heures orageuses de la jeunesse surtout, ressemble à une frêle barque que mille écueils se disputent. L'amitié sainte s'offre à lui comme un pilote habile et sûr, qui peut le conduire heureusement au port du salut. L'amitié sans foi, sans religion, c'est le navire sans pilote, sans gouvernail, qui flotte au gré des vents et de la tempête et qui court à l'abîme. Et ainsi, lorsque l'amitié n'a pas Dieu comme un phare lumineux pour l'éclairer et la guider, elle devient la source fatale de mille périls, au lieu d'être la source des biens les plus délicieux.

Le cœur humain a donc besoin d'être tenu constamment en tutelle.

Il ressemble encore à ce char de feu qui dévore l'espace et vole en quelques heures d'un bout du monde à l'autre, entraînant à sa suite le fils des arts, le fils de l'industrie ou du commerce. Pour régler sa course rapide; pour le maintenir dans la voie qui lui est tracée, il lui faut un guide habile et intelligent; et quand la vigilance et le talent ne président pas à la conduite de ces prodiges du génie humain, ce char du progrès qui doit concourir à la gloire et à la prospérité des nations, devient une cause de ruine pour ceux qu'il emporte à sa suite.

N'est-ce pas là toute l'histoire du cœur de l'homme? L'amitié, c'est ce char de feu : s'il est habilement conduit, que de merveilles n'enfante-t-il pas! Que de ruines, au contraire, que de désolations ne cause-t-il pas, s'il dévie de la droite voie qu'il doit suivre toujours!

Amitié sainte et pure, douce fille du ciel, puisses-tu régner sur tous les cœurs et devenir ainsi pour le monde le char du progrès moral!

TABLE DES MATIÈRES

IMP. PAUL BOUSEREZ, RUE DE LUCÉ, 5, A TOURS.

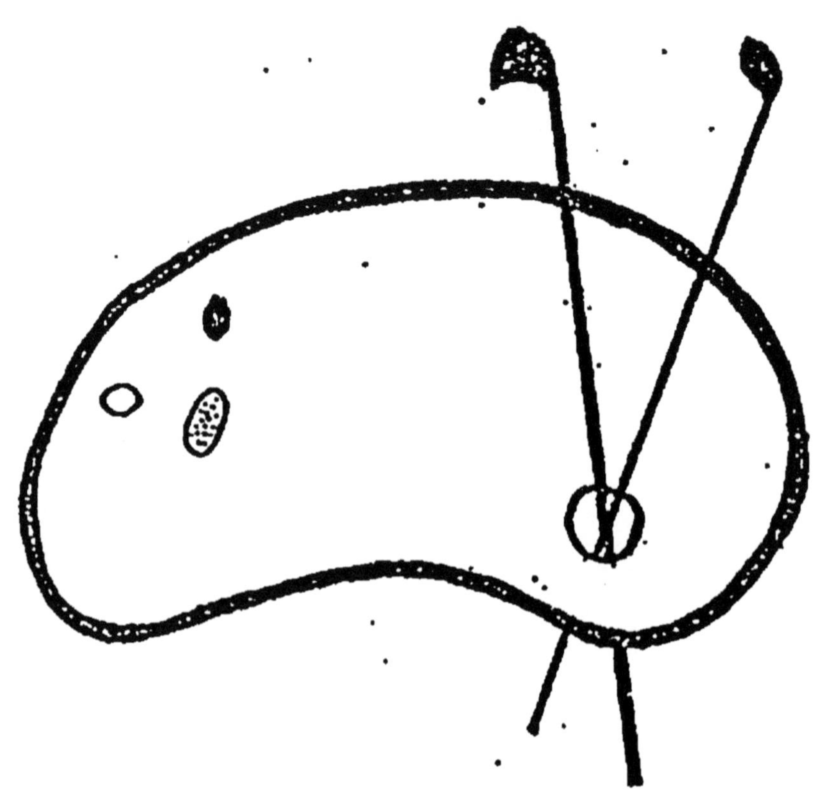

www.ingramcontent.com/pod-product-compliance
Ingram Content Group UK Ltd.
Pitfield, Milton Keynes, MK11 3LW, UK
UKHW022052190726
13855UKWH00002B/484

9 782013 35164